ブランドの条件

山田登世子
Toyoko Yamada

岩波新書
1034

はじめに――なぜこのバッグが欲しい？

ブランド大繁盛である。いまやブランドはたんなる流行にとどまらず、一つの世界をつくっているといってもいい。ひとたび中に入ってみると、思ったより奥が深く、複雑でもある。

昨年、グアムに旅行した友人からこんな話を聞いた。

メインストリートに並ぶショッピング・ビルに立ち寄ると、エルメスとまったく同じバッグをウィンドウに飾った店に出会ったという。「ぱっと見てすぐわかるHのステッチだったから」思わず足をとめると、女性の店員が出てきた。長年エルメスで働いていた職人が独立して開いた店で、素材の革も同じイタリア製、デザインも縫い方もまったく変わらないという。しかし値段はエルメスよりずっと安い。

「ただエルメスの名がついてないだけです」

鮮やかなブルーの革は、前から欲しいと思っていたバッグだった。見た目はもちろん、触った感じもエルメスと変わらない気がする。この値段なら買おうかしら。一緒に行った友人と二人、ずいぶん迷ったあげく、結局買わないことにしたという。

「その店、客はわたしたち二人だけだったのよ。通り向かいのビルにある本当のエルメスの店は大勢の客だったのに」

「それにしても」と、彼女は話を結んだ。「ブランド好きのわたし、いったい何が欲しいのかしら。考えさせられてしまったわ」

話を聞いて、わたしも考えさせられた。いったい、わたしたちはなぜそのバッグが欲しいのだろう？　いや、なぜそのバッグは欲しくなかったのだろうか。デザインも質感もほとんど同じそのバッグに足りないものはいったい何なのか。何がブランドの条件なのだろう……。


それにしても、ブランドの繁盛ぶりはすさまじい。

エルメス人気は旅先でも国内でも変わらないし、ルイ・ヴィトンの盛況ぶりはメディアで話題になるほどだ。しばらく続いた不況下でもブランド品だけは右肩上がりの売上げ、勢いは当分とまりそうにない。

エルメス、ルイ・ヴィトン、シャネル、グッチ、プラダ、コーチ――バッグ一つとってもたくさんのブランドがひしめいている。何十万円もする贅沢品が、いまや日常風景のようにわたしたちの周囲にあふれている。

そう、ブランド現象とは、「贅沢の大衆化」なのである。かつては遥かな高みにあった高級品が、二〇代の女の子にも手の届く品となって、ごく身近にある。贅沢と大衆が見事な「結婚」を遂げているといってもいい。

けれども、もともとブランドは大衆の手に届かない奢侈品であった。エルメスであれルイ・ヴィトンであれ、ブランドの起源を遡ってみると、必ずそれらは一握りの特権階級のための贅沢品である。だからこそそれらの「名」は晴れがましいオーラを放ち、わたしたちを惹きつけてやまないのだ。起源のオーラ。ブランドが大衆の手近にひきよせられた今もなお、ラグジュアリー・ブランドはそのオーラの痕跡をとどめながら、きららかな輝きを放っている。

本書の目的は、これらのラグジュアリー・ブランドをとりあげて、そのブランドの条件を考えることである。いったい何がブランドをブランドたらしめているのだろうか。

軸にとりあげるのは、業界でもトップをあらそうブランド、ルイ・ヴィトン、エルメス、シャネルの三つである。この三ブランドは、それぞれのブランド・コンセプトに明瞭な相違があるからだ。

たとえばエルメスとシャネル。二つのブランドは、いずれも高価格政策は同じだが、モードにたいする距離のとりかたがちがう。シャネルが限りなくモード寄りのスタンスをとって時のトレンド・セッターであろうとするのにたいし、エルメスはむしろ流行から超然とした姿勢をとろうとする。前者が旬の季節のときめきの魅惑を売るのにたいし、後者は永遠性の高みに踏みとどまって、その「変わらなさ」を売っているようにみえる。

けれども、そのような相違は、実は現代を見ているだけでは判然としない。二つのブランドは、そもそも誕生のしかたがまったくちがっているのである。一九世紀に創立をみたエルメスは、同じく一九世紀に誕生したルイ・ヴィトンとならんで、伝統を重んじるメゾン・ブランドの典型である。王侯貴族を顧客にして今日の繁栄を築いてきた二つは、もともと永遠性と貴族性を志向するブランドなのだ。

これにたいし、二〇世紀に誕生したブランドであるシャネルは、大衆《マス》の力を背景に生まれ、大衆のマインドと呼応しようとする。「ファッションをストリートへ」とは、創始者シャネルの精神そのものである。「永遠」の作品を志向する他のクチュリエたちを敵にまわして、シャネルは言ってのけたものだ。「モードは街へ降りてゆきながら自然死をとげる」「最初からない命をどうやって守るというのだろう」

こうしてストリートに寄りそい、モードに寄りそうシャネルのブランド・コンセプトと、

「変わらない」ことを重んじるエルメスのそれとは、いわば一九世紀と二〇世紀の開きがある。二つの差異は、ヨーロッパ型資本主義とアメリカ型資本主義ほどにも大きいといってよい。一口にラグジュアリー・ブランドといっても条件は決して一様ではなく、時には鋭く対立さえしている。いつ、どのような社会背景のなかから生誕してきたのか、それぞれの起源《オリジン》＝出自が、コンセプトの相違をもたらしている。

本書の目的は、このようなブランドの生誕のシーンをほりおこし、その起源の秘密に立ち入って、そこからブランドの本質を照射することにある。ルイ・ヴィトンは、いつ、どのようにして今日のような繁栄のルーツを築き、エルメスは何を戦略にして自己ブランドを立ちあげたのか。そしてシャネルは、それら一九世紀型ブランドに対抗しつつ、いかにして二〇世紀型ブランドを世に広めたのか——いわゆる「ブランド力」の本質に、メゾンの生成の歴史から迫ってゆこうとするのがわたしたちの方法である。おのずとその方法は、ヨーロッパとアメリカ、そして日本の比較文化論にクロスしてゆくだろう。

とはいえ、なぜラグジュアリー・ブランドなのか？　贅沢はわたしたち人間社会の存立要件だから、といったら大袈裟になるだろうか。

かつて奢侈品は、聖なるものとして、神々に捧げられる供物であった。「天」の恵みを祈願して捧げられる「地」のものは、豊穣であるか否かを問わず、その地でもっとも富めるもの、美しきもの、まことを尽くして選り抜かれたものであり、この意味で贅を極めるものでなければならなかった。贅沢品は、政治でもあれば宗教でもあり、まつりごとに欠かせぬものだったのである。

そうして遥かな昔、聖なるものの高貴なオーラをまとっていた品々は、世紀を重ねるごとに「世俗化」し、神なき世界の到来とともに遂にわたしたち大衆の暮らす世界にまで降りてきた。贅沢は、世俗化し、大衆化しながら、いつしかブランドと呼ばれるものになったのである。

そして、とりわけそれは、大衆のなかでも女性に近しいところに広がっている。ルイ・ヴィトンもエルメスもシャネルも圧倒的に女性ご用達のブランドだ。かつて贅沢品を神に捧げた部族の長が男であり、王宮で贅沢をほしいままにした王族もまた男性であったのと対照的に……。

いつ、どのようにして、贅沢は女性の領分となったのか？　ブランドの起源と現在をたずねるわたしたちの問いは、こうしてもう一つの問いをひきよせる。ブランドはなぜ女のものなのだろうか。そしてそれはいつまで続くのか？　本書のブランド論はこうして贅沢文明論とリンクしてゆくことになるだろう。

ブランドの条件——目次

目次

1章

ブランドの誕生

ルイ・ヴィトンはいかにしてルイ・ヴィトンになったのか

1　ブランドとモードは両立しない？

モードなブランド

街を歩いて、ブランド品を見かけない日はない。ルイ・ヴィトン、コーチ、グッチ、シャネル、エルメスと、さまざまなブランドバッグを手にした女性がストリートを行きかう。なかでもよく眼にするのは、何といってもルイ・ヴィトンだ。それも、多様な型とデザインのもの。一昔前はルイ・ヴィトンといえば判で押したように、あのお馴染みのモノグラム模様ばかりだったのに、この頃はそれ以外のデザインもよく見かけるようになった。たとえばエナメルの光沢がおしゃれなヴェルニ・ライン、重みのある革のエピ・ライン。あるいは、駅や空港ではキャスター付きのトランクも。ルイ・ヴィトンもずいぶんファッショナブルになったものである。

モードの世界に接近し、伝統のバッグをおしゃれなバッグでもあると思わせること――それは、この老舗ラグジュアリー・ブランドの採った思い切った戦略だった。一九九七年、ヴィトン社はニューヨークの新進デザイナー、マーク・ジェイコブスを起用して、あえてアメリカン・カジュアルなテイストを製品にもちこんだ。その作戦は見事な成功をおさめたといっていいだろう。マークの入社から五年間で売上げは以前の三倍増を記録している。

以来、ヴィトンのモード寄り戦略は狙いどおりの好成績をおさめている。この二〇〇六年にも、やはりマークのデザインで、色も生地もそれまでのルイ・ヴィトンからは想像もできない新鮮なクルーズ・ラインの新作をだした。ここ一〇年ほどの間にヴィトンは急速にモードの世界に近づいて、着実に若い客層をとらえている。二〇〇二年の表参道店オープンの折、千人以上の客が前夜から列をつくって話題をさらったのは今も記憶に新しい。その日一日だけで一億円の売上げを計上したというから、その人気のすさまじさがわかる。東京でもひときわモードに敏感な客層がヴィトンにフィーバーしたのである。

日本でのこのフィーバーには、日本人アーティスト村上隆とのコラボレーションも一役かっている。いまや世界のアート界の寵児ともいえる村上は、伝統的なモノグラム柄に桜の花びらやチェリーを散らしてかわいさを強調し、ポップなデザインで「茶色のヴィトン」のイメージを一新した（図1）。ピンクからライトブルーまで三〇色以上の色をちりばめたマルチカラーは

図1　村上隆デザインによる「モノグラム・チェリーブラッサム」ラインのバッグ

浮わつくようなかわいさで、「おしゃれなルイ・ヴィトン」のイメージを強く刻みこんだ。日本人女性の四四パーセント、およそ二人に一人が持つといわれ、日本全国の所持者数は二千万人とも三千万人ともいわれるヴィトンは、ここへきてモードの世界とリンクを果たしたのである。

いや、ルイ・ヴィトンだけではない。ここ十年ほど、ヨーロッパのラグジュアリー・ブランドのモード化戦略の動きが際立っている。

始まりはグッチだった。一九九四年、沈滞しきっていたこの老舗ブランドはアメリカの俊英デザイナー、トム・フォードをクリエイティブ・ディレクターに抜擢し、あっという間にバンブー・バッグを流行させた。銀座に、原宿に、そして地方の都市にまで、どれだけのバンブー・グッチがあふれたことだろう。こうして一躍モードなブランドに変身を遂げたグッチの売上げはまたたく間に急増した。グッチへならえといわんばかりに、ディオール、ジバンシー、セリーヌなど、ヨーロッパの老舗ブランドが才腕デザイナーを起用して新しい血を流入し、ファッション性をアピールする傾向が続いている。

ヴィトンに次いでブランド業界二位の地位を占めるエルメスも例外ではない。ヴィトンがマーク・ジェイコブスを起用して既製服のプレタポルテ部門に参入をした年、エルメスもマルタン・マルジェラを採用してプレタ部門に参入、二〇〇四年からはマルジェラに代わってジャン＝ポール・ゴルチエをデザイナーに起用して話題を呼んだ。

こうして老舗ラグジュアリー・ブランドがこぞってファッションの世界に近づき、「モードな商品」をアピールしている。

ということは、ブランドの世界がこれまでになく広がり、一部特権階級から大衆層まで裾野を広げたということにほかならない。

「贅沢」が街に降りてくる

この動きを加速化しているのは、巨大ブランドLVMH（モエ・ヘネシー・ルイ・ヴィトン）の存在である。アメリカ仕込みの経営手腕を誇る社長ベルナール・アルノー率いるこの一大ブランド・グループは、入念なマーケティングにもとづいて世界市場を相手にグローバルな経営戦略を展開している。プレタポルテから皮革製品、香水、化粧品、ワイン、さらにはデパートにいたるまで、五〇以上のラグジュアリー・ブランドを傘下におさめるLVMHは、老舗ブランドにおしゃれなモード感覚を吹きこみ、世界中のマス・マーケットをターゲットにした経営戦略を次々と成功させた。一九八七年にモエ・ヘネシーと合併してLVMHとなったルイ・ヴィトンは、このブランド・グループのなかでも桁外れの売上げを誇る稼ぎ頭である。

こうして急速な変容をみせているラグジュアリー・ブランドの動きを、フランスの哲学者リポベッキーのブランド論『永遠のラグジュアリー』は次のように語っている。

かつては富裕なブルジョワジーの圏域に限られていた奢侈品は、しだいに街に「降りて」きた。大規模なブランド・グループが、マーケティングを仕込まれて広い販路を目ざすマネージャーをかかえている現在、何より必要なのは、贅沢を多くの人びとの手に広げることと、「近づきがたいものを近づきやすいものに」変えることである。

こうしてラグジュアリー・ブランドは急速に「近づきやすいもの」になった。

実際いまの日本でルイ・ヴィトンを「近づきがたい」と思っているひとなど誰もいない。ポップでかわいいバッグは親しみやすく、価格帯も少し背伸びをすれば手が届く。ルイ・ヴィトンはファッショナブルな顔をして、街まで降りてきたのである。

モードは現在、ブランドは永遠

けれども、もともとモードとブランドは相反するものである。

エルメスのバッグはなぜあのような憧れを誘うのだろうか？　それは、手が届きにくく、近づきがたいものだからだ。

事実、「近づきがたさ」はブランドの条件の大きな要素である。その意味で「親しみやすさ」はむしろブランドにとってマイナス要因になりかねない。

近づきがたいものを手にする満足感をあたえつつ、同時に親しみやすさをも感じさせるルイ・ヴィトンは、まさに「奇跡」のように、本来なら両立しないものを共存させているのである。ヴィトンの驚異的な人気は何といってもこの綱渡りの妙にある。

ブランドは、日常の彼方にあって、永遠の輝きを感じさせねばならない。同時にそれは、まさに「今」という流行のときめきを感じさせねばならない。つかの間の今と永遠——ブランドをモードに近寄せようとしている一連のデザイン戦略は、絶対に両立不可能なはずのこの二要素を両立させようとアクロバティックな妙技に腐心している。

そう、ブランドとモードは本来両立しない。わたしたちのブランド論は、まず第一にこの事実を明確に認識することから始まる。

ルイ・ヴィトン・ジャパン社前社長、秦郷次郎氏の言葉は雄弁である。

マーク・ジェイコブスが起用されてセンセーションを巻き起こしたとき、ルイ・ヴィトン・ジャパンは、「ルイ・ヴィトンは、直ります」というキャッチコピーの広告を打って独自の宣伝活動に努めた(図2)。その理由を、秦氏はこう語っている。

「日本人がブランドに望むものとしては、永続性のある価値というのが、いちばん期待度が高いのです」。だから、ルイ・ヴィトン社は「伝統やクラフツマンシップ、つまりブランドの信頼度を訴えるようなメッセージ」を発したいと思ったのだと(『広告批評』一九九九年三月号)。秦氏は、花形デザイナーの登場によってモード寄りになったルイ・ヴィトンが「失う」可能性があるものに危機感を抱いたのである。

その間の事情を明かす氏の言葉は、ブランドとモードの両立不可能性を浮きぼりにして興味深い。氏の『私的ブランド論』はこう語っている。「デザイナーのデザイン力で売るデザイナーズブランドとメゾンブランドとのあいだには、大きな違いがあります。クラフツマンシップに支えられたメゾンブランドでは、歴史や伝統、技術、哲学、美意識が不可欠です」

モード界への参入によってルイ・ヴィトンが失うかもしれなかったもの、それはここにいわれている「歴史と伝統」である。長い時の流れを生き続け、未来も永きにわたって続く永続性という価値こそブランドをブランドたらしめるものだからだ。

ところが、ファッションは「今」にときめく。次のシーズンにはもう古びたものとなってその輝きを失うつかの間のときめき。そのはかなさこそファッションの魅力そのものである。モードは「今がすべて」なのだ。

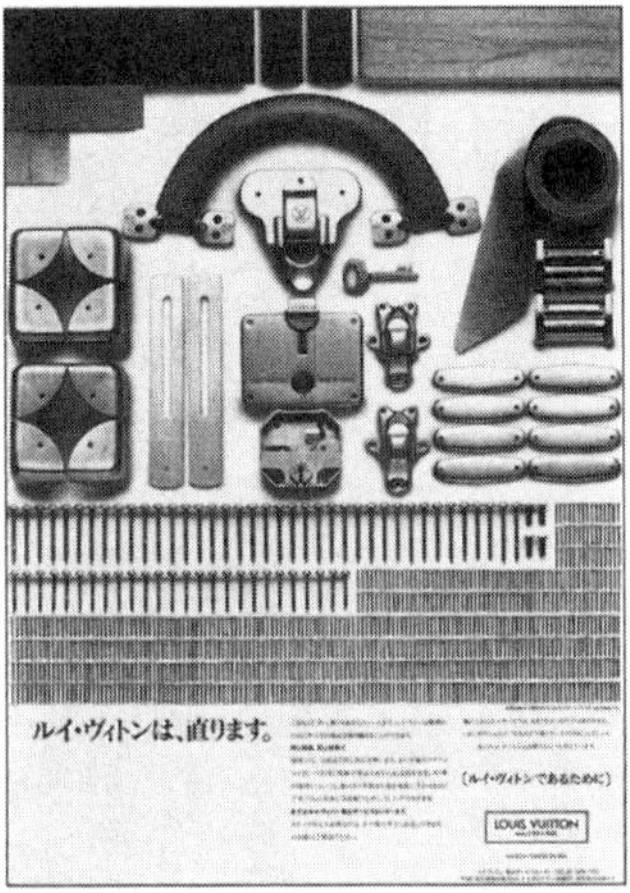

図2　ルイ・ヴィトン・ジャパン社によるリペア・サーヴィス広告

　ということは、モードの時制とブランドの時制とは対立する、ということである。『私的ブランド論』はそれを売る立場から次のように語っている。先にふれたリペア・サーヴィス広告は一連のシリーズ広告で、意図的にハードトランクの広告に絞ったものだが、その狙いは、「ルイ・ヴィトンが、いわゆるファッション・ブランドと混同されないようにする」ためだったという。

これは、ルイ・ヴィトンが時代を超えて生き残る価値を持っているということを、いま一度伝えることで、「ルイ・ヴィトンはファッショナブルであっても、ファッションブランドにならない」と伝えたかったからです。

実際ヴィトンは、どのブランドより「永続性」を売るブランドである。この意味でヴィトンはコンサヴァティブなのだ。マーク・ジェイコブスの抜擢とプレタポルテ部門への進出に際しては、当然ながらヴィトンの社内でも抵抗が大きかったといわれているが、さぞかしそうだったにちがいない。プレタポルテの世界に参入することは、シーズン毎に移ろう変化の世界に身をさらすことであり、永遠性に背を向けるにもひとしいからである。

モードは「起源のない出現」

事実、モードはいつも変化をめざす。それは、何の理由もなく前の季節を否定して、いつも新しく誕生しようとする。いま白が輝いているとすれば、それはたんに去年のモードが黒だったからにすぎない。明日はいったいどんな色が流行るのか、誰にもそれはわからない。モードは何の理由も根拠もなく、変化のための変化をめざす。

社会学者ボードリヤールはこのようなモードの本性について名言を残している。

——モードとは起源《オリジン》のない出現である。

（『象徴交換と死』）

まさしく、モードはいわれもなく、どこからともなく立ち現れて、次の季節にはもうはかなく消えてしまう。モードは根っから起源というものを知らない。

ところがブランドは、まさに起源を持っている。

ルイ・ヴィトン・マルティエ社会長兼CEOイヴ・カルセルは、最新の社史のなかで、プレタポルテ参入の折の決断をふりかえってこう語っている。

まさにそれは、思考の面でも製作の面でも、このブランドの根源《ラディックス》と魂とを失うかもしれない危険を冒すことだった。

恒久性をめざすブランドは、変わらないこと、いつも同じであることを大切にする。その一方で、いつも同じであることは、時代に後れ、取り残される危険をはらんでいる。変わらないでいるためには、「新しさ」が必要なのだ。モード界への参入は、ルイ・ヴィトンにとって、さらなる飛躍をめざす命がけの冒険だったのである。

事態はヴィトンだけに限られない。すべてのブランドは、伝統という永遠性とファッションというつかの間の輝きと、相反する二つのロジックのあいだをうまくくぐりぬける綱渡りをしている。その難しい業を身につけたブランドだけがスーパー・ブランドの地位を保つことができる。「いわゆるファッション・ブランド」は掃いて捨てるほどあり、時代の気分によっていっときブレイクするものもあるけれど、たいていは何年もしないうちに忘れられてゆく。忘れられずに不死の命を保つには、「ブランドの根源と魂」を失ってはならないのである。

根源と魂——いかにもそれは、伝統を大切にする老舗ブランド、ルイ・ヴィトンにふさわしい言葉ではないだろうか。確かに、ルイ・ヴィトンには根源《ラディックス》がある。歴史のなかに輝かしい「起源」をもち、そのオーラにつつまれていること、それこそラグジュアリー・ブランドの第一の条件である。

世界が認めるトップ・ブランド、ルイ・ヴィトンのその起源《オリジン》はいったいどのようなものだろうか。ルイ・ヴィトンはいかにしてルイ・ヴィトンになったのか?

その起源をたずねるのがわたしたちの当面の課題である。

2　起源のオーラ――はじめに皇室があった

ブランドとは伝説である

一般に、フランス語の「メゾン」という語は、「家」という意味の他に「本舗」の意味でも使われる。たとえばシャネルのメゾン、エルメスのメゾンというふうに。と同時に、ブルボン王家をメゾン・デ・ブルボンというように、メゾンには「家系」という意味もある。秦氏がルイ・ヴィトンをメゾン・ブランドというのはむしろ後者であって、一族代々に引き継がれてきた「家業ブランド」という意味であろう。

確かにルイ・ヴィトンはこうしたメゾン・ブランドの典型であり、その起源はまさにヴィトン家にある。ＬＶＭＨという大所帯に転身した今もなお、ヴィトンの存在は創立者ルイに始まって代々続いたヴィトン家の歴史をぬきにしてはありえない。

実はそう言っているのはほかでもないヴィトン自身なのだ。

現在わたしの手元にはいずれもヴィトン社の半公式資料ともいえる四つの資料がある。一つは、ヴィトンの資料集。一九八七年にパリに滞在した折にヴィトン博物館を訪れる機会があって、そのとき手渡されたものである。もう一つは書籍で、四代目社長のアンリ＝ルイ・ヴィトンが一九八四年に編纂した社史『ルイ・ヴィトン――思い出のトランクをあけて』。加えて、二冊の書物がある。一冊は、社にゆかりの深いジャーナリストの手になるヴィトン伝で、タイトルはストレートに『ルイ・ヴィトン』。もう一冊は、つい最近、二〇〇五年一〇月に出版された大型のヴィジュアル本で、これもタイトルは『ルイ・ヴィトン』。副題に「モダン・ラグジュアリーの誕生」とあるとおり、歴代の名品から世界各地の店舗、二〇〇五年に完成なったシャンゼリゼの旗艦店まで、豪奢な写真の数々を編んだいわば社外向けの社史兼広報誌である。仏英同時出版されたこのヴィジュアル本は、バッグ類とともに店頭に並び、商品として販売されている。

まず目につくこと、それは新旧二冊の社史がそろってヴィトン家の家系図を掲げていることだ(図3)。創立者のルイ・ヴィトンに始まって、二代目ジョルジュ・ヴィトン、三代目ガストン＝ルイ・ヴィトン、四代目アンリ＝ルイ・ヴィトン――最新のヴィジュアル・ブックでは冒頭の見開き二頁にわたってこの家系図が載せられている。そして、その見開きをめくると、目にとびこんでくるのは創立者ルイの大きな肖像写真。さらに頁をめくると、次に現れるのは何

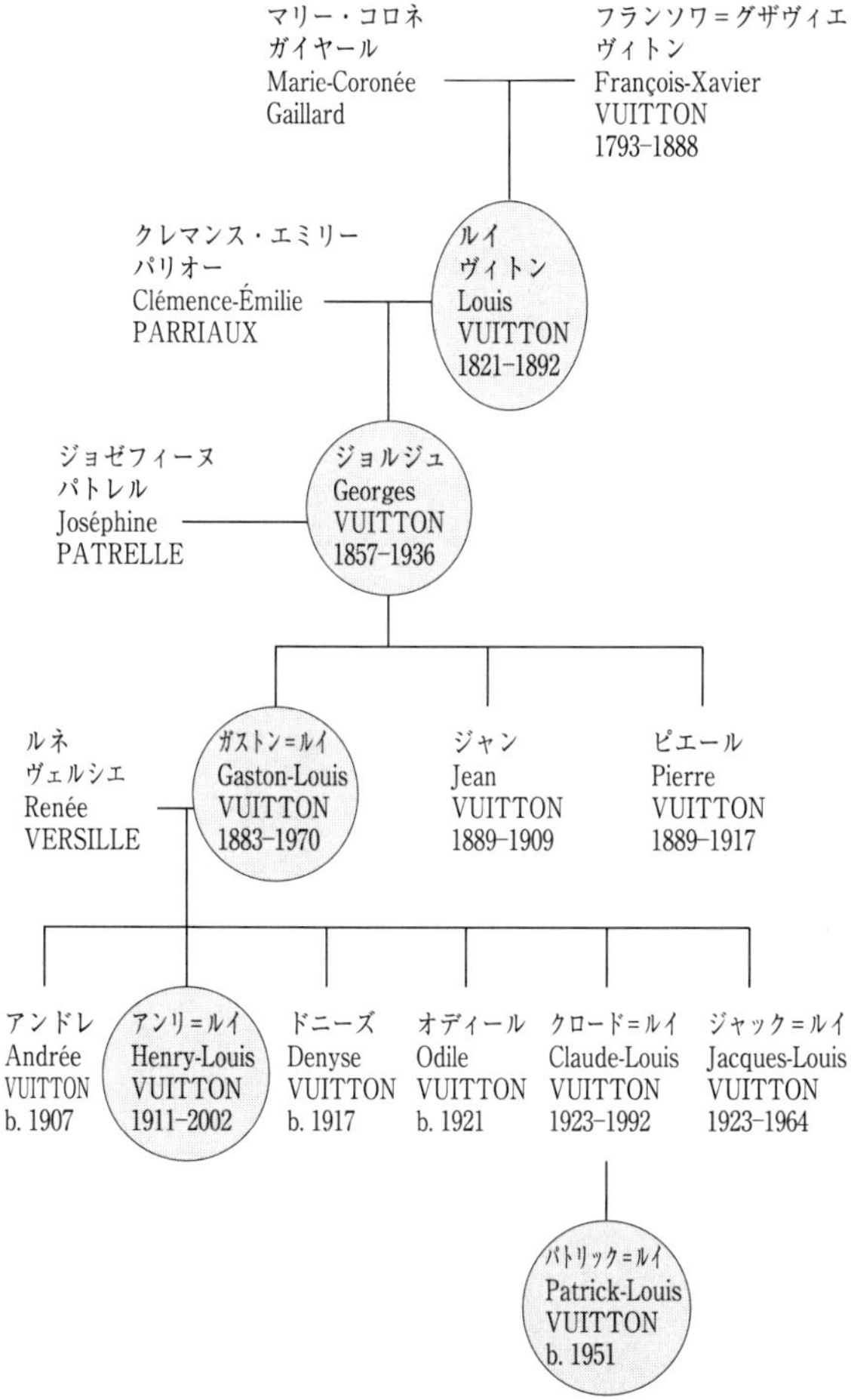

図３　ルイ・ヴィトン家の家系図(『ルイ・ヴィトン――思い出のトランクをあけて』1985, *LOUIS VUITTON*, 2005 に拠り作成)

とそのルイの出生証明書……。

このような内容構成は四つの資料にほぼ共通している。要するにいずれの資料もルイ・ヴィトンという偉人の伝説を語るドキュメントといっても過言ではない。

具体的に、資料に語らせよう。

いちばん先にあげたヴィトン博物館資料は、最新の社史より簡潔なぶん、エッセンスを語って雄弁である。第一章は、そのものずばり「ルイ・ヴィトン、伝説の世界」と題されていて、次のように始まっている。

一八五四年にパリに創立された木箱製造業者《マルティエ》ルイ・ヴィトン、何よりそれは一つの伝説である。創立以来たゆまず洗練の極をゆく創造を続ける、栄えあるメゾンの伝説。

実に堂々たる自己神話化ではあるまいか。

といって、百年以上の伝統をもつ老舗ブランドがこうして一族の家系を誇示するのは別にヴィトンに限られない。自動車王フォードにも同じようなフォード家神話があるし、同じ自動車産業のトヨタをとっても、創立者の豊田佐吉は一種の神話的人物である。ヘンリー・フォード、豊田佐吉、ルイ・ヴィトン、これら大ブランドの創立者の肖像は、いずれも社の象徴的イコンになっている。

それにしてもルイ・ヴィトンのケースは神話が徹底している。もう一冊のヴィトン伝『ルイ・ヴィトン』をみてもその感が強い。家系図こそ載せていないが、副題がずばり「あるフランス一家の伝説《サガ》」である。第一部「神話の誕生」、第二部「ルイ・ヴィトン帝国」、第三部「ジョルジュ共和国」、第四部「フランスの名家」と、文字どおり一家代々の伝説が綴られている。なんとも徹底したメゾンの神話化ではないだろうか。

けれども、考えてみれば、ルイ・ヴィトンのケースはブランドの本質の見事な定義だと言っていい。まさしくブランドとは一つの「伝説」にほかならないのだから。歴史のなか、歳月とともに厚みをまし、数々の輝かしいエピソードに飾られた、栄えある伝説。

起源の物語

起源にあるのは一人の人物、創始者ルイ・ヴィトンである。ジュラの山奥で家具造りの家に育った少年は、大きな夢を抱き、ひとりパリをめざして歩き始めた。貧しい少年にとって歩くよりほかの交通手段はなかった。二年の月日をかけて、ようやくパリに到着。ときにルイ一六歳。木箱製造業兼荷造り業者のところで見習いとして働き始める……。

こうして創始者を伝説化するルイ・ヴィトン物語は、確かにブランドの本質を照らしだしている。起源の神話。それこそラグジュアリー・ブランドの条件であって、伝説のないブランドはブランドではない。ふたたびリポベッキーの言葉をかりれば、スーパー・ブランドは必ず「起源の伝説を援用して」創造され、「贅沢《ラグジュアリー》がまさに贅沢であるのは、それが神話の高みにまでのぼりつめ、消費されて滅びゆく品々が「時を超越した」神話になることによってである」。

ラグジュアリー・ブランドにかんするかぎり、「時を超越した神話」というのは誇張ではない。なぜなら贅沢はもともと「聖なるもの」と結びついているからである。

遥かな昔、贅沢の起こりは彼岸の神々に捧げものをする供犠であった。豊穣を祈り、安息を祈願する人びとは、天の恵みを授かるべく、惜しみなく最高の贅沢品を捧げた。供物が人であれば長子を捧げ、供えであれば収穫の初穂を捧げる。必要を超えて剰余があるから贅沢があるのではなく、天与の資源のなかから最良のものを選んで天にかえすのが儀礼なのである。聖なるものと交換されるのは必ずその地で最良のものなのだ。ここで捧げ物は贅沢以上のもの、聖別されたものであった。

歴史の流れのなか、このような供犠の習慣は廃れゆき、産業の時代の到来とともに贅沢はまったく別の形態に移行する。はじめに述べたように、奢侈は世俗化の一途をたどり、いつしかブランドと呼ばれる商品になって街に降りてきたのだ。だからこそラグジュアリー・ブランドはどこかしら晴れがましい非日常のオーラをまとっている。わたしたちが買うハンドバッグやトランクは、聖なるものの名残をたたえてこの世を超えた光輝を帯び、そのオーラを呼び起こす魔法の呪文が、ルイ・ヴィトンという由緒ある「名前」なのである。

といっても、ヴィトンの商品を買う消費者が格別この伝説をありがたがるわけでは決してない。店に置かれたアンティークなハードトランクの存在やラグジュアリーな店のたたずまいに伝統の重みを感じることはあっても、ルイの肖像写真や伝説に興味を示したり、ましてそれを理由に購買にふみきる客など誰ひとりいはしない。必要なのは、ただ一つ、伝説の鍵をあける魔法の呪文、ルイ・ヴィトンという「名」あるのみ。

ということはつまりルイ・ヴィトンという名は、伝説の化身なのである。ネーム・バリューとは文字どおり「名の値段」だが、要するにわたしたちはお金を払って伝説を買っているのだ。ただのハンドバッグなら幾らもしないものが、ルイ・ヴィトンという名がつくだけで値段がつりあがる。それは、高品質の対価プラス「伝説」料なのである。この意味でブランドとは情報商品にほかならない。ヴィトンというブランドの名のありがたみを知らない世界でなら、そんなバッグには何の威信も価値もない。逆にその名の通用している世界では、ルイ・ヴィトンを持っていることは必ずなんらかの意味を発生させる。バッグの価格は、伝説＝情報の価格なのである。

もうひとつの起源

だが、少し先を急ぎすぎたようだ。ヴィトン伝説の続きをみてみよう。

ルイの肖像写真とその出生証明書の頁をめくると、またしても別の「起源」の伝説が現れる。具体的にみよう。まず初めに少年ルイのパリ到着を語った『ルイ・ヴィトン――モダン・ラグジュアリーの誕生』は、「第二帝政の絢爛たる世界」で次章の幕をあげる。と、そこにあるのは、華麗な衣裳に身をつつんだ時の后妃ウジェニーとその宮廷の雅やかな姿。ここからわたしたちは未開社会の供犠の世界をはなれ、モダン・ラグジュアリーの神話世界に入ってゆく。

現代でこそバッグで有名なルイ・ヴィトンがもともとは「木箱製造業兼荷造り業者」と呼ばれる梱包職人であったことはけっこう知られているが、ここでも博物館資料は雄弁である。「伝統の力」と題した第二章は、冒頭から次のように始まる。

一八五一年、ナポレオン三世はフランスの皇帝になった。ウジェニー皇后は、宮廷が場所を移すたびに、チュイルリー宮に一人の若い荷造り業者を伺候させた。彼は麗々しい衣裳や豪華なクリノリンの数々を誰よりもうまく箱に納めるすべを心得ていた。その若者の名はルイ・ヴィトンといった。

ルイは若くしてウジェニー皇后に梱包の腕を認められ、宮廷御用商人として召抱えられる栄誉に浴したのである。こうして「ロイヤル・ブランド」ルイ・ヴィトンがめでたく誕生をむかえることになった。

皇室御用商人という栄光は、今みているどの資料にも火の文字によって刻みこまれている。皇室の権威と信用の力を借りて、ルイ・ヴィトンの名は至高のオーラをまとったのだ。このときからルイのつくる荷箱はフェティッシュな力をおびて魔法の価格がつくようになったといっていい。皇室の権威がルイ・ヴィトンの名に信用を授けたのである。

皇室御用達

この起源の伝説のありさまを、少し長くなるが、もう一冊の伝記『ルイ・ヴィトン』にみてみよう。記述はさらに物語的に詳しく展開される。

第二帝政は宮廷の祝宴がはなはだ多い時代だった。祝宴のたびに豪華なドレスが会場の城に運ばれた。この時代は木箱業者が大繁盛した時代だったのである。伝説は語る。

「皇后は、かれら荷造り業者の上得意の一人だった。皇后は自分の衣裳の荷造りをさせるのに、パリで最も盛名たかいマレシャルの店を指名した」。マレシャルは光栄に胸を高鳴らせ、店でいちばんの荷造り職人ルイ・ヴィトンを従えてエリゼ宮の召喚に参じた。

見習い職人のヴィトンは、細心の注意を払って巨大な衣裳箪笥の梱包をした。手が震えそうになるのをこらえた。(……)若き后妃の見守るなか、ルイはウジェニー后妃がいちばんお気に入りの、薔薇色とパール・グレイと薄紫色のドレスをうやうやしく折りたたんだ。ルイ・ヴィトンの細心さ、器用さ、手早さはいたく后妃のお気にめした。確かにルイは愛くるしい若者というわけではなかったが、にもかかわらず、ある朝、后妃は、以後、自分の衣裳の梱包にたずさわるのはルイ・ヴィトンただ一人にしたいと仰せられたのである。

以上が、宮廷御用商人、木箱製造業兼荷造り業者ルイ・ヴィトンの誕生のシーンである。ウジェニー皇后が決心をしたその朝、未来のトランク商ルイ・ヴィトンの繁栄の礎が築かれたのだ。以後、幾代にもわたるメゾンの繁栄を約束されたメモリアルな日。まさしくこの日はルイ・ヴィトンにとって歴史的記念日、創業の「起源」の日である。

ルイはジュラの田舎からパリに出てきた多くの職人志願の一人にすぎない。だがある日彼はウジェニー皇后の御用商人という最高の御墨付をもらった。顧客の権威はこの木箱製造業兼荷造り業者に絶大な信用をあたえた。その日から三年後、マレシャルの店から独立したルイは当時のパリでもひときわ繁華なヌーヴ＝デ＝キャプシーヌ通りに店を開く。ルイ・ヴィトンという自分の名を掲げて。

その後のルイの店の繁栄ぶりは詳しく記すまでもない。皇室御用達という起源のオーラはまさしく「葵の御紋」的効果をあげて、ヴィトンはフランスの名門貴族を顧客にかかえ、さらには世界中の王侯貴族を顧客に発展をとげてゆく。

ブランドはすべてロイヤル

はじめに皇室ありき。

ここで大切なことは二つある。まず一つは、ラグジュアリー・ブランドは特権階級を顧客にして誕生するということ。この意味でラグジュアリー・ブランドとは――アメリカン・ブランドは別として――本質的にロイヤル・ブランドだということだ。扱う商品が高級品なのは顧客が王侯貴族だからであって、ブランドとはもともと貴族財なのである。だから贅沢品であるのは当然のことだといっていい。

もう一つのポイント、それは権威と信用の根拠の問題である。ラグジュアリー・ブランドのオーラというが、この起源のシーンにあって、オーラを授けているのは顧客である皇室の方である。当り前のことをいうようだが、この歴史的起源の問題を忘失したブランド論は、根本で認識を誤りかねない。

質問形式で問題を整理してみよう。ルイ・ヴィトンの商品はなぜただのバッグやトランクより価値があるのか? 答えを二つならべてみる。

① ルイ・ヴィトンはルイ・ヴィトンだから価値がある。
② ルイ・ヴィトンは顧客が皇室だから価値がある。

ふつうに考えるなら、①はたんなる同義反復でしかなく、なぜそんな価値が発生するのか、その根拠を示していない。同じことは他のどのブランドを例にとってもいえる。ヴィトンの代わりに別のブランド名をおきさえすればよい。たとえば、エルメスはエルメスだから価値がある。

シャネルはシャネルだから価値がある。

フェラーリはフェラーリだから価値がある。

例をつくればきりがないが、どの命題もいわゆる「循環論法」であって、なぜ価値が発生するのか、その根拠が明らかでない。

けれども、こうした論法がなんの疑問もなく世間に「通用」しているのもまた紛れもない事実である。「はじめに」で述べた、あのエルメスまがいのバッグの話を想起しよう。なぜわたしたちはそのバッグが欲しくはなかったのだろうか？　そう、そこに「エルメス」の名がついていなかったからである。つまりは名が価値の根拠なのだ。

だが、いったいなぜ名が価値の根拠になるのだろうか――こうして問いを重ねてゆくとき、そこに歴史的な起源《オリジン》が浮かびあがってくる。

皇室は第二帝政のフランスで最高の権威であり、かつ最大の信用の源泉であった。ルイ・ヴィトンの名に権威と信用を授けたのは、顧客たる皇室にほかならない。つまり、先に掲げた問いの正解は実は②なのである。この意味でおよそすべてのブランドは本質からしてロイヤル・ブランドだといわねばならない。もっとも、この場合は正確にいえばロイヤルではなくインペリアル・ブランドだが。

象徴資本

けれども、こうして皇室によって授けられた権威と信用は、歴史の流れとともにいつしか顧客の側をはなれ、授けられた対象であるルイ・ヴィトンの属性に移ってゆく。ナポレオン帝政は廃れ、時代は共和制に移行しても、ヴィトンは帝政の存続と関係なく着々とおのれの帝国を築いてゆく。顧客の威光を借りたトランク商ではなく、自分の名でオーラを放つトランク商が育ってゆくのである。

フランスの社会学者ピエール・ブルデューは、金融資本や技術資本など、市場に流通するさまざまな資本のうち、人びとの認知と承認にもとづいて一種の「信用」として機能する資本を象徴資本と呼び、それが生みだす商品を象徴財と呼んでいるが、ルイ・ヴィトンというメゾンの「名」はまさにれっきとした象徴資本になったのだ。

こうしてモダン・ラグジュアリーが誕生をみる……。起源は忘却の彼方に退いて、「ルイ・ヴィトンはルイ・ヴィトンだから価値がある」という象徴資本のロジックが市場に覇をとなえてゆく。魔術的な名の錬金術。

そうはいっても、当のヴィトン社は決して自己の起源を忘れはしない。自己の信用の根源は皇室の威信。それこそがルイ・ヴィトンの「根源《ルーツ》にして魂」であることは、ここまでくどいほど資料にみてきたとおり。

それでは、と、またここでわたしたちはもう一つの問いにつきあたる。というのは、「起源の起源」の問題である。こうして商人に信用をあたえた皇室、すなわちナポレオン三世は、その権威をいったいどこから授かったのか？

ここまでくると、もはや答えは一つしかない。皇帝は天から権威を授かったのだ。国民投票で選ばれた皇帝とはいえ、大ナポレオンの血を継ぐフランス皇帝の位は神授である。しかも民心はこの帝政を圧倒的な歓呼でむかえた。第二帝政の歴史をたどるのは本書の課題ではないが、共和制のフランスではなく、権威帝政と呼ばれたこの時代のフランスにヴィトンをはじめとする数々のラグジュアリー・ブランドが誕生したのは決して偶然ではない。

貴族財ルイ・ヴィトン

いずれにしろ、ヴィトンのような老舗のメゾン・ブランドは、自分の出自《オリジン》を葵の御紋のように大切にし、かつそれを現代的にアレンジしてビジネスに利用する。創立記念をはじめ、社の歴史上エポックを画した年を記念して限定商品を売り出すのである。

記憶に新しいところでは、一九九六年のモノグラム・キャンバス誕生百周年記念キャンペーンが良い例だろう。一八九六年、二代目のジョルジュ・ヴィトンは、模倣防止のためにイニシアルのLとVを組みあわせた、あのモノグラム・キャンバスを考案して特許をとった。そのモノグラム誕生百年を記念して、ヴィトンは「モノグラム・セブン・デザイナーズ・プロダクト」を打ち出した。アズディン・アライア、ヴィヴィアン・ウエストウッド、マノロ・ブラニク等々、個性あふれる現代デザイナーがそれぞれオリジナルなモノグラム・バッグをデザインして、大々的な広告キャンペーンをはった。

このプロダクトは、いわゆる「限定品」で客の差異化願望をそそったというよりも、むしろルイ・ヴィトンのモノグラムの由緒ある伝統を知らしめるとともにそのモードな現在性をアピールしたといった方が正しいだろう。思えば百周年記念というイベントほど、ブランドの「歴史」と「現在性」を誇示する格好の機会はない。

実際、起源のオーラを保ち続けるには、こうして絶えず過去の神話を活性化し、神話の刷新と永続化をはからなければならない。皇室御用達という由緒ある起源を誇りつつ、同時に現在の流行に遅れてはならない。象徴資本は維持するのが大変な資本なのである。古さを守るためには新しくあらねばならないのだ。さらにいうなら、ロイヤル・ブランドでありつつ、同時にマス・マーケットにもアピールしなければならない。

ルイ・ヴィトンの両面戦略がどのブランドよりも見事な成功をおさめ、マスの国ニッポンで記録的に売上げを伸ばしているのは周知のとおり。その信じがたいほどの実績に、こんな疑問が発せられるのを耳にする。

——日本人はなぜあれほどルイ・ヴィトンが好きなのか？

伝統を大切にするヴィトンが長年の使用に耐える耐久財だから、という秦氏の答えは正鵠を得ている。けれども、わたしたちがここで問題にしたいのは、この疑問にしばしば次のようなニュアンスが付随していることだ。誰もがヴィトンのバッグをさげている現象に顔をしかめる人はたいてい、「似合いもしないのに……」という疑義を言いたてる。ミスマッチだというのである。

一面的だとはいえ、この指摘は当たっていなくもない。

というのも、ここまでみてきたとおり、ヴィトンの製品はもともと貴族財だからである。貴族財であるものを、一般の大衆が持つのは確かにミスマッチかもしれない。本国フランスはもちろん、階級社会の伝統が根強いヨーロッパでは、たいした財力もない若年層がルイ・ヴィトンのバッグを持つようなことはまずありえない。いまだに貴族財というイメージが根強く残っているのである。

大衆の貴族財？

いったい、もともと貴族財に始まった商品を大衆が購入するのは「おかしい」ことなのだろうか？

この問いにたいする答えは本書全体におよぶので、ひとまずここでは、貴族財であったヴィトンのもともとの姿、ロイヤルな象徴財としてのルイ・ヴィトンの姿を見届けておきたい。それが、おのずと答えを準備することになるからである。

確かに、ルイ・ヴィトンはもともと貴族財だ——そのことをわかりやすく言うために、ときどきわたしはこんな言いかたをする。

「ルイ・ヴィトンって、そもそも自分が持つものじゃないのよね。そうよ、召使に持たせるものなのよ、あのトランクは」

事実、ウジェニー皇后は一ダースもの衣裳箱を宮廷仕えの召使に持たせ、馬車に積みこんで運ばせた。そして、めざす城に到着すると、衣裳を取り出すのもまた召使で、さらにはそのドレスを着ることさえウジェニーの務めではない。「お召しかえ」を手伝って后妃に衣裳を着せるのは侍女の務めである。

自分で自分の衣裳箱にドレスをしまったりすることはもちろん、自分でそのドレスを着たりするのは后妃の体面と威信をそこなうことである。ゾンバルトの『恋愛と贅沢と資本主義』は宮廷社会の奢侈について次のように述べている。

これらのすべてを通じて、奢侈の本質は内容的にいっても貴族的であった。それもこの種の贅沢は一般大衆の手にはとどかず、ごくせまい範囲の選ばれた人々だけが享受できるという消極的意味があるばかりではない。当時の贅沢は、いかなるところでもきわめて高貴な風格を示したという点で、積極的に貴族的であった。

ヴィトンのトランクは、召使に持たせるものであっただけではない。この木箱は、持ち主の依頼にあわせ、入れるものにあわせて造られるものだった。ルイ・ヴィトンはトランク商であ

図4　婦人用トランク．もともと木製の荷箱だった

る以前に木箱製造業者であり、かつ荷造り業者である（図4）。当然、それらはすべてオーダーであって、既製品を主力商品にするようになるのはまだずいぶん先のことだ。
このオーダー・サーヴィスは、日本店にも開設されて人気を呼んでいる。もともと貴族財であったときのノウハウを現代的にアレンジして、顧客に「プチ貴族」的満足感を売っているわけである。

3　ラグジュアリーの誕生——帝国と万博

トランク名士録

話を当時にもどそう。確かにヴィトンのオーダー品は、一般大衆からははるか遠く、錚々たる世界の王侯貴族や名士たちのものだった。ヴィトン関連資料はどれもそろって誇らしげにこの「トランク名士録」を披露している。たとえば、エジプトの副王イスマイル・パシャの特注品。

一八六九年、スエズ運河開通の記念式典のセレモニーの打合せのためパリを訪れた副王は、運河開通式の折に使うトランクをヴィトンにオーダーした。そのトランクは、果物を運ぶための箱で、痛まないようにスノコがとりつけられていた。ちなみに、このイスマイル・パシャはあの大作曲家ヴェルディにオペラをつくらせた人物、できたオペラは「アイーダ」である。パシャの権勢のほどがうかがわれる。ヴィトンはこうした世界の王侯を顧客にして名声を博した。

スペインのアルフォンソ十二世もトランクを特注した一人である。一八七八年のパリ万博に来賓として招かれたアルフォンソ十二世は、万博に展示されたルイ・ヴィトンの高品質なトランクがお気にめしたのだ。それから数年後、今度はイスタンブールのサルタン、アブドゥル・ハミド二世からトランクの注文を賜る。衣類を入れるための引き出しを三つ取り付けたそのトランクは、内側に金の飾り紐つきの薔薇色の生地を張った豪華な造りになっている。

今もヴィトン博物館に面影を残すこれら数々の豪華な特注トランクは、ヴィトンがいかにラグジュアリー・ブランドであるかを無言で語る品々である。と同時にそれらの名品は、ヴィトンがいかに顧客の威信によってメゾンの名を高め、象徴資本の力を保つべく努力を重ねてきたか、そのバランス・シートを物語る品々でもある。「ルイ・ヴィトンはルイ・ヴィトンだから価値がある」という世界が確立したのは、この意味で近年の歴史にすぎない。

そしてヴィトンが誇ったのは、顧客だけではなかった。歴代のヴィトンが店をかまえた店舗の立地もまたこのメゾンのプレスティージュの証であった。初代ルイ・ヴィトンが初の店舗をかまえたのは、パリの目抜き通りヌーヴ＝デ＝キャプシーヌ通り。やがてオペラ座建築が始まり、文字どおり殷賑をきわめるパリ社交界の中心地。近くのラ・ペ通りには、オートクチュールの始祖となるワースがメゾンをひらき、ルイとも親交を結ぶようになる。後にふれるが、このワースこそ、現代のラグジュアリー・ブランドの基盤を築いたキーパーソンである。

ワースばかりでなく、このラ・ペ通りはカルチエやゲランといった錚々たるブランドが軒を連ねた一等地である。この立地もまたメゾンの威信に必要不可欠なものだ。土地の「名」もまたフェティッシュな魔力をもっているからである。事業の拡充にともなってヴィトンは何度か店舗を移しているが、最終的に選んだ場所は現在の旗艦店のあるシャンゼリゼ。二〇〇五年、大々的な改築をへて新装なった旗艦店は見事なハイテク建築を誇ってシャンゼリゼ名物の一つになっている。

そのパリ旗艦店を拠点に、現在ルイ・ヴィトンは世界中で三百をはるかに越える店舗をかまえているが、いずれの店舗もその国の一等地を選んでいる。アメリカならニューヨーク五番街、日本なら、ラグジュアリー・ブランドのメッカとなった銀座、そして昨今モードな街として輝いている表参道……。都市の名も、街区の名も、ラグジュアリー・ブランドになくてはならないオーラを授けるのである。

帝国の祝典

カルチエにゲラン、そしてワースと、ラ・ペ通りにメゾンをかまえたブランドはいずれそろってウジェニー皇后の御用商人である。先にもふれたとおり、それは偶然ではない。第二帝政はラグジュアリー・ブランドが誕生すべくして誕生した時代であった。一八五三年から一八七〇年まで、フランスが平和を享受しつつ劇的な経済的繁栄をとげたこの時代は、消費文化が質的転換をとげた時代である。フランスのラグジュアリー・ブランドはここに起源を持つべくして持っている。

モダン・ラグジュアリー。この時代に誕生したメゾンの数々がそう呼ばれるにふさわしいのは、何よりまずこの時代がモダン都市パリ誕生の時代だったからだ。

伯父のナポレオンが剣による世界制覇を成し遂げようとしたのとは逆に、ナポレオン三世は何より「平和」を望んだ。「帝国、それは平和だ！」——皇帝の位につく直前、民衆を前に演説した言葉は史上名高い。事実、この後フランスは七〇年の普仏戦争勃発まで、およそ二十年にわたる平和を享受することになる。

ナポレオン三世が平和を欲したのは、国内産業の育成のためだった。伯父の軍事立国にたいして、甥の方は産業立国をめざしたのである。彼が「産業王」と呼ばれる所以である。この平和皇帝が起こした事業のうち、最大のものの一つがパリ大改造だった。皇帝はセーヌ県知事に辣腕のオスマンを抜擢し、一二区からなる狭くて不潔な都市を二〇区からなる光あふれる都市に変貌させた。今日ブランド通りとして知られるフォブール＝サントノレ通りが開通したのもこの時代、パリのメインストリートのほとんどがこの時代のパリ改造に基礎をもっている。

こうしてパリは広くなったが、また別の意味でもパリは広くなった。というのも鉄道が開通したからである。鉄道会社が整備されて大きく敷設を延ばす。なかでもベルギーやリールなど、繊維業から製鉄、冶金まで工業の盛んなヨーロッパ北部とパリを結ぶ北部鉄道の開通は、フランス資本主義の発展に大きく貢献した。

とともに、地中海にむかって延びるPLM（パリ―リヨン―メディテラネ鉄道）は、またちがった方面でパリを拡張した。この鉄道によって南仏リヴィエラ海岸がパリジャンのリゾート地になったからだ。こうしたリゾート文化もトランク商ヴィトンに幸運をもたらした。豪華列車に積みこまれるのはラグジュアリーなトランク、ルイ・ヴィトンだったからである（図5）。

事実、技術革新にもたゆまぬ努力を払うヴィトンは、創立してほどなく歴史に残る技術革命をおこしている。来るべき鉄道の旅の時代を予感していたルイは、それまで雨水をよけるために丸屋根型のデザインだった木箱《トランク》の蓋を水平にした。これによってトランクは幾つでも列車に積み重ねて置くことが可能になった。リゾートの栄えとトランクの栄えは軌を一にしていたのである。

バブルな帝国

けれどもヴィトンの木箱が繁盛したのは、こうしたリゾートの発展にもまして宮廷の宴会のおかげだった。

チュイルリー宮殿で繰り広げられた祝宴の数々は、「帝国の祝祭」と呼ばれて歴史に名高いが、まさに未曾有の贅を尽くした宴会だった。鹿島茂『怪帝ナポレオンⅢ世』はその様をこう語っている。「実際、ナポレオン三世ほど宴会好きの元首もなかった。なんだかんだと理由をつけて宴会に明け暮れていたといっても言い過ぎではない。国民投票で皇帝の座にすわると同時に、伯父にならって「宮内府《メゾン＝アンペリアル》」を再建し、大侍従、儀典長、侍従頭、宮廷司祭、主馬頭などの役職を設け、祝祭の式次第や礼儀作法も定めたが、これは宮廷での祝宴を円滑に行うた

598 LA VIE PARISIENNE 15 août 1908

LE CHIC

Nous sommes dans la pleine saison d'émigration estivale où le chic parisien rayonne à travers le monde illuminant de sa note moderne les classiques bords de mer, les montagnes poétiques et les champs idylliques.

Se déplacer n'est plus une distraction pour quelques-uns, mais un besoin pour tous, et voyager est devenu un art.

Aussi la fonction, créant l'organe, celui-ci représenté dans l'espèce par les malles, valises et accessoires de toute sorte s'est-il développé, perfectionné, comme tout le reste au point que dans les bagages emportés par une femme élégante, le contenant est vraiment digne du contenu.

Et c'est à la maison Vuitton qu'est due cette transformation qu'on peut sans exagération qualifier d'artistique.

Ah! elles sont loin les anciennes caisses noires à coin de fer verni du temps de Louis-Philippe, avec leurs casiers rudimentaires garnis de papier à fleurettes, leurs poignées de laiton et leurs serrures si simplistes qu'il fallait, — quelle horreur! — des cordes nouées en quatre!

Avec une ingéniosité s'inspirant à la fois de l'élégance et du confort, Vuitton a créé des malles qui sont des bijoux : malles pour robes, malles pour chapeaux, pour chaussures, malles de cabines, malle « Idéale » pour hommes, valise porte-habit, sacs et nécessaires de toilette tous de forme étudiée, dont les jolis cuirs fauves et les étincelantes garnitures de cuivre suffiraient à inciter aux voyages. Mais Vuitton a fait mieux encore, il a pensé au séjour et sa malle-bureau est conçue de façon si pratique qu'elle permet aux touristes d'avoir dans n'importe quel gîte l'impression du *home* intime.

C'est, en effet, à la fois une malle et un meuble.

Le haut forme secrétaire avec tiroirs pour papiers, tablettes pour écrire, buvard, encrier, etc., et le bas se divise en autres tiroirs admirablement aménagés pour les chemises, les chapeaux, chaussures, linge etc.

Dernier mot du « commode » tout ce qu'on trouve chez Vuitton possède en outre le cachet de chic suprême qui ne s'imite pas.

Et le chic des malles a une importance capitale : grâce à lui le voyageur est tout de suite mieux accueilli dans les hôtels, mieux écouté des employés de chemin de fer s'il a quelque réclamation à formuler; grâce à lui, il devient aussitôt « quelqu'un » aux yeux même de ceux dont il est méconnu.

A la gare de Trouville, plage à la mode par excellence, ce sont les malles Vuitton, facilement reconnaissables, qui dominent et c'est grâce à elles que les Parisiennes raffinées qui vont papoter le long de la rue de Paris, peuvent arborer les plus délicates toilettes sans qu'un faux pli en vienne détruire l'harmonie.

Il est féerique d'ailleurs l'aspect de cette rue de Paris en ce moment où la grande saison bat son plein.

Le Thé Topsy qui est l'endroit définitivement adopté par la mode y voit défiler tout le gotha du chic parisien et les femmes se regardent, s'examinent, se critiquent ou s'admirent, et les hommes flirtent, potinent, font des mots, lancent des définitions qui feront ensuite le tour du monde sans qu'on sache d'où elles sont parties.

Et si autour des tables quelques vagues allusions à des faits graves se glissent dans la conversation, les exquises petites poupées indifférentes laissent tomber de leurs lèvres carminées les plus déconcertantes répliques :

« Ah! le Maroc! c'est en bas, à gauche de la carte! Des femmes avec des sequins au cou et des haïchs sur la figure... drôle de pays!!

« Monsieur Fallières en Suède : l'accueil, les réceptions! — La Suède! Au fait pourquoi est-ce de Suède que viennent les gants à vingt boutons? Qu'est-ce que c'est exactement que la peau de Suède?

« L'entrevue de Revel!! A bord d'un bateau n'est-ce pas? Entre le Tzar et le Président? Adorable le mot du petit Tzarewitch refusant de reconnaître celui-ci parce qu'il n'était pas en uniforme! Est-ce qu'un chef d'Etat doit être en habit noir en plein jour comme un maître d'hôtel à un garden-party!

« Renard est innocent? qui ça Renard?

« La grève de Draveil? C'est loin d'ici?... Est-ce qu'on peut y aller en auto?? Pourquoi riez vous?...

Elles sont exquises ces exhibitions de beauté, et bien amusants les bouts de phrases échangés au Thé Topsy de Trouville!

FRELON.

LE RENDEZ-VOUS DES ÉLÉGANTES A TROUVILLE :
Le Thé Topsy *qui est, cette année, le centre à la mode de la rue de Paris.*

LA MALLE-BUREAU, DE VUITTON (rue Scribe)
Qui donne à la plus banale chambre d'hôtel le confort intime du « home ».

LA MALLE IDÉALE, CRÉE PAR VUITTON (rue Scribe)
Sans laquelle aucun élégant, aucune élégante ne voudrait quitter Paris.

図5　オッフェンバックのオペラからタイトルを採った風俗雑誌《La Vie parisienne》1908年8月15日号に載ったルイ・ヴィトンの記事．「シック」な旅はルイ・ヴィトンで決まるという．デスク・トランク(左)と，紳士用の名品「イデアル」が紹介されている．中央の図は当時流行の高級リゾート，トゥルーヴィル情景

めだった」

シャンデリアの明かりのもと、貴紳たちの麗々しい礼服が映え、貴婦人たちのデコルテが眩いこの「祝宴の時代」のバックグラウンド・ミュージックともいうべきものがオッフェンバックのオペレッタだった。軽佻浮薄なリズムとフレンチ・カンカンでパリっ子を熱狂させたオッフェンバックはこのバブルな時代の浮かれ気分をよく今に伝えている。

だがその浮かれ騒ぎには、政治的意図があった。産業王ナポレオン三世は、祝宴への参加を義務づけることで奢侈品産業の育成につとめたのである。いま引用した大侍従、儀典長、侍従頭、宮廷司祭、主馬頭などの官職は美々しい仕着せの着用が不可欠である。服飾産業はこの需要によって潤い、やがてデパートの開店とともに大衆消費が大きな飛躍をとげてゆく。婦人服よりも規格化が容易な紳士服の既製服生産がここに開始されたのである――こうした既製服産業の興隆はブランドの「偽物」問題をひきおこし、ブランドの条件を紛糾させてゆくことになるが、その顚末を追うのは後章の課題にして、貴族財ルイ・ヴィトンのゆくえをもう少しみておこう。

ラグジュアリーは「国策」

紳士服とは逆に、婦人服の方はオーダーでしかつくれない凝ったドレスが大流行した。そして、この流行が、「高級仕立服《オーダーメイド》」すなわちオートクチュールの誕生につながってゆく。ここで注意しておくべきこと、それは、同じ時代に紳士服の方は既製服産業を育成し、婦人服の方はオートクチュールの誕生をうながしたという事実である。つまり、近代のラグジュアリー・ブランドは「女性の領域」に誕生をみたのだ。

ここでも、時代の動きをリードしたのは宮廷である。祝典への参賀がいかにナポレオン三世の「国策」であったのか、フィリップ・ペロー『衣服のアルケオロジー』はその様子を詳しく伝えている。「宮廷においてナポレオン三世がチュイルリーやサンクルー、コンピエーニュなどの宮殿で豪華な舞踏会とレセプションを復活させた結果、衣装からその地味な色調は後退し、きらびやかなものが支配的になる。（……）たとえば、名高い招待客の〝一隊〟がぞろぞろと続くコンピエーニュへの移動のさなかでさえも、優雅さが競われ、そのおかげで権威あるモデルが生み出されるのである」

宮廷に集う貴婦人の「エレガンスの競争」は、クチュリエたちを繁盛させた。なかでも后妃ウジェニーは衣裳にうるさかった。皇后は宮廷に集うどの貴婦人よりも権威あるモデルとしてエレガンスの頂点に君臨しなければならない。ウジェニーは当時独創的なデザインで名をあげていたワースを宮廷に伺候させ、ルイ・ヴィトンと同じく、皇室御用達に指名した。ワースもまた皇室の権威と信用をかりてパリ一のクチュリエという地位を不動のものにしたのだ。一八五八年、ワースはラ・ペ通りにパリ初のオートクチュールの店をかまえる。ヴィトン創業の四年後のことである。

その皇室御用商人ワースがはやらせたクリノリン・スタイルはボリュームたっぷり、なんとも嵩のはるスタイルである。ヴィンターハルター描く「ウジェニー皇后と侍女たち」(図6)はワースのデザインになるデコルテに身をつつんだ美女たちの麗姿を描いているが、クリノリンで大きくスカートが膨らんだドレスは、さぞかし梱包が難しく、大きな木箱を必要としたにちがいない。

美貌の后妃ウジェニーは時代のファッション・リーダーだった。それも、たんにおしゃれだけではなく、后妃という地位の要求に応えてのことでもあった。というのもウジェニーは、奢侈品産業を育成するというナポレオン三世の意をうけ、政治的任務として贅沢にこれ努めたからである。『衣服のアルケオロジー』は后妃の「政務」をこう語っている。「后妃はクリミア戦争の余波、一八五七年の不況によって停滞していた繊維産業を刺激し、自ら〝政治的装い〟と

図6　ヴィンターハルター「ウジェニー皇后と侍女たち」1860年

呼んだ重厚なリヨン製の絹を用いた衣裳で成功を博した」

「帝国の祝祭」はまさしく一国の経済にかかわる途方もない規模のものだった。『天国と地獄』――ジャック・オッフェンバックと同時代のパリ』もその様を生き生きと伝えている。

二千五百万フランの皇室費によって、実際に、歓喜も栄光もふんだんに呼び出すことができた。豪奢は人々の間に金をばらまく、とナポレオンは口癖のようにまくし立て、この見せかけの論拠によって虚飾の本当の原因にベールをかけた。そしてウジェニーも、かれが自分の権力を維持するために動員した華麗さを、大変好んでいた。彼女は若かった。そして彼女を取り巻いている美しい婦人たちよりも美しかった。そしてシャンデリアがホールで輝き、チュイルリーが華麗な舞踏会の雑踏にこだました時、お伽話のような衣裳に包まれた彼女は、一番明るいシャンデリアの光彩をも失わせるほどに照り輝いた。

皇后陛下の衣裳箱

こうしてバブルな祝祭は産業界に金をばらまいた。豪華なドレスから宝石まで、ウジェニー皇后が身につけたものは、今日パリのブランドとして名高いものがほとんどである。何よりもまず、オートクチュールのドレスをあげなければならないだろう。ワースからポワレ、そしてシャネルへと、オートクチュールはまさにフランスの国家産業として栄えてゆく。くわえてそのドレスを飾る装身具もまた皇室御用達の宝飾商カルチエのものである。さらに身仕舞いになくてはならぬ香水は、これまた皇室御用達の香水商ゲラン……。まさしくラグジュアリー・ブランドは貴族財として、第二帝政に誕生をみたのである。ウジェニー皇后はさしずめ現代でいうカリスマ・モデルの役割をはたしたのだ。

そのおしゃれな皇后がどれほどの数のドレスをつくらせ、そのドレスの梱包にどれほどの木箱をつくらせたのか、われらがルイ・ヴィトンに話をもどそう。皇室御用商人のところへは皇后陛下の衣裳箱だけでなく、他の貴婦人からのオーダーも殺到する。少し長くなるが、そのすさまじいまでの繁盛ぶりを『衣服のアルケオロジー』に語らせよう。

やはりコンピエーニュでの話であるが、奢侈を示すことはほとんど絶対的に要求される。招待客たちは、皇帝と皇后が同じ衣装を三度以上着た客を見たくないというので、ほとんどぎっしり詰まった衣装簞笥を一緒に運ばせなくてはならなかった。メッテルニヒ公夫人はコンピエーニュ滞在の幕開けの大騒ぎを次のように伝えている。

「主人たちの到着から二十分ほどあとに荷物馬車が着きました。それは途方もない、かつて誰も見たことのないような光景でした。パリの町全体が引っ越してきたような感じでした！　運び下ろされる箱の数といったら想像もできないくらいです！　私たちが数えてみて九百近く下ろされた日もありました！　それというのも、各々の女性が、ちょうど裁縫師が作ったものを発送する時のように、夜会用ドレスを一枚一枚別の白木の箱に入れさせるからです。パリの熟練した包装人の手で上手に包装された衣装は、そうやって新品同様に目的地に届くのです。この方式に従って私は光栄にも十八もの箱を私一人だけのために使いました。でも、私よりもお洒落な方々の中には二十四も使った方もありました」

叙述はまだ続くが、ここに登場する「パリの熟練した包装人」は、名こそあがっていないがルイ・ヴィトンやその師マレシャルたちを指していると考えてまずまちがいないだろう。皇后陛下の「政治的」奢侈がラグジュアリー・ブランドを育成し、その誕生をうながしたのだ。この時代、贅沢は聖なる地平からはるか遠く、一種の政治経済的義務となって世に広まったのである。

メダルは万博から

実際、第二帝政は「贅沢の民主化」の時代であった。服飾産業が育成され、「ボンマルシェ」をはじめ今も続くデパートが次々と誕生をみる。贅沢の近代《モダン・ラグジュアリー》が幕をあげたのだ。デパートについては後にふれるが、ここで直接ブランドの条件にかかわる一大イベントについて語らなければならない。万国博覧会である。

もういちどヴィトン関連資料にもどって、社史『ルイ・ヴィトン――思い出のトランクをあけて』を広げてみよう。「エッフェル塔と博覧会」と題された第三部には、ヴィトンのトランク「ワードローブ」が一八八九年万博で見事グランプリを勝ち取った事実が誇らしげに記されている。一八八九年のパリ万博はエッフェル塔万博として名高いが(図7)、ルイ・ヴィトンの展示した堅牢でしかも軽いトランクはそれまでのトランクのコンセプトを覆した。

万博でグランプリをとるということは、その商品が国際的競争力をそなえているという証である。つまりフランスにおいてラグジュアリー・ブランドの条件は二つあったのだ。一つは皇室御用達のメゾンになること。もう一つは、万博でグランプリを受賞することである。いずれも製品の高品質と世界的プレスティージュの証であり、「世界の一流品」の御墨付であった。

しかも、いまあげたブランドの二つの条件はいずれもナポレオン三世の奢侈品産業育成政策から生まれたものである。「帝国の祝祭」もさることながら、パリ万国博覧会こそ、産業王ナポレオン三世が政治的生命をかけてとりくんだ国家的イベントであった。パリ改造を完遂し万博を成功させて「花の都」パリを世界に誇示することとならんで、皇帝が力を注いだのは、各企業に万博出展をうながし国内産業の国際的競争力をつけることだった。万博とは商品の国際コンテストだったのである(図8—9)。

意外に知られていないことだが、そのコンテストのために審査会をもうけて金・銀・銅のメダルを授与するというアイディアは、オリンピックが初ではなく、ナポレオン三世の発案にな

図7　『フィガロ』紙の1889年パリ万博特集号

るものだ。オリンピックの方が後からこの万博にならってメダル授与を式典化したのである。

ブランドの王道

ナポレオン三世の目論見は外れていなかった。万博を機会に、幾多のフランス・ブランドが誕生をみたからである。ルイ・ヴィトンほどの大衆性はないが、たとえば銀器のクリストフルやクリスタル製品のバカラは一八六七年の万博でグランプリに輝き、世界的ブランドとして名声を博してゆく。また、宝飾のブシュロンも同万博でグランプリを勝ち得た。ちなみに、このときエルメスの出品した鞍は銀賞にとどまった。エルメスがグランプリに輝いた

図8　1889年パリ万博の香水店コーナー

図9　1900年パリ万博のゴブラン織り実演

のは次回一八七八年の万博である。

万博グランプリは、皇室御用達とならぶラグジュアリー・ブランドの条件となった。香水のゲラン、オートクチュールのワース、宝飾品のカルチエ、そしてルイ・ヴィトンにエルメスと、わたしたちにも親しいブランドのほとんどがこの「ブランドの条件」の二つをめざし、見事に成功を博している。世紀が新しくなり、シャネルが登場してこの「王道」を覆すまで、二つの御墨付はラグジュアリー・ブランドの王道であり続けてゆく。

こうしてブランドはフランス国家の育成政策のもとに生まれていったが、国家の方でもまた自国のブランドのオーラを大いに利用したといわねばならない。フランスは万博のたびに自国ブランドの威信を世界に誇示した。ルイ・ヴィトンからエルメスまで、それぞれのブランドにとって万博グランプリ受賞は誇るべき「伝説」の一部をなし、フランスは国家をあげてその伝説の流布に努めたといってもよい。ナポレオン三世は象徴財というものの力をよくわきまえていたのである。

というのも、おそらくナポレオン三世ほど「名のオーラ」に敏感だった国家元首はいないからだ。かれナポレオン三世が皇帝にまでのぼりつめたのは、ひとえに伯父であるナポレオン一世の名の威光のおかげといっても過言ではない。今もって多くのフランス人にとってナポレオンとは超人であり、比類なき神の寵児である。そのナポレオンの甥たるものが伯父の名の威力を借りない手はない。いうなればナポレオン三世もまたその「起源」を家系の神話に汲んでいるのである。そうして生まれた皇帝の威信をかりて、こんどは奢侈品産業にたずさわる商人たちがそれぞれの伝説をつくりあげてゆく……第二帝政とはこの意味で、幾重にも「起源のオーラ」が問われた時代だったというべきかもしれない。

オートクチュールの誕生

ところで、ナポレオンがそうであるように、伝説とは必ずある人についての伝説である。つまり、なんらかの固有名の伝説である。ブランド力とは結局この名のオーラにつきるといってもまちがいではない。

わたしたちはこの問題を先にルイ・ヴィトンについてみたが、ここでもういちど同じ問いを整理しておきたいと思う。というのも、まさに第二帝政のこの時代から、名の力が微妙な「ぶれ」を起こしてくるからである。

事はオートクチュールの始祖ワースに始まる。ワースこそ、現代ブランドのコンセプトを先駆的に体現したクチュリエである。ルイ・ヴィトンをはじめとするラグジュアリー・ブランドは、ワースに始まるこのブランド・コンセプトを継いだといってもよい。

順を追って述べてゆこう。

一八五八年、一等地ラ・ペ通りにメゾンをかまえたフレデリック・ワース（仏語ではウォルト）は従来のクチュリエたちがやらなかった新機軸をうちだした。まず第一は、現代のモード産業が普通におこなっているモデル生産である。すなわち、一人の顧客にあわせて一点物をつくるのでなく、あらかじめモデルとなる型を幾つかデザインしておき、客はそのなかから気に入ったものを選ぶという生産方式である。これによって、「デザイン」という作業が顧客の好みから自立し、クチュリエの自由に任されることになる。

第二はさらにラディカルな商法である。能澤慧子『20世紀モード』はそれを次のように述べている。「彼は衣装の製造コストに加えて、デザインというノヴェリティー、つまり、無形の価値を売ることにした最初のクチュリエである。／彼の店の商品は法外なまでに高価であった。もっとも簡素な昼間のドレスでも、千五百フランを下ることはなかった」。当時の千五百フランは現在の日本円に換算してざっと百五十万円。いちばん安い昼のドレスでこの値段なのだから、夜会服はさらに高い。

ワースはこの高価格政策をとおして、デザインというものを高価な商品に変え、さらにはデザイナーの名をれっきとした象徴資本に変えたのである。

ロゴが生まれる

ワースはまたオートクチュールの象徴財に極めてわかりやすい形をあたえた。というのも彼は「グリッフ」を発明したのである。

「グリッフ」とはフランス語でブランドのマークを指す。要するにロゴマークのことだ。ルイ・ヴィトンならルイ・ヴィトン、シャネルならシャネル、それぞれのメゾンの商標がすなわちグリッフである。ワースの功績は何よりまずこのグリッフを創造したことだろう。これによって、メゾンの名が一目でわかる商品になる。

大切なのは、これを機に、顧客とブランドの関係が微妙な転回をとげてゆくことだ。先にルイ・ヴィトンについてみた問いをここでもういちどくりかえしてみよう。

① ワースはワースだから価値がある。

② ワースは皇室御用達だから価値がある。

先に述べたとおり、ワースもまた后妃ウジェニーの愛顧を得た皇室御用達のクチュリエだった。だが、その皇室のオーラを背景にしつつ、彼は戦略的に①の商法にうってでた。そして、それは半ば成功した。半ばというのは、ワースの時代、①が②を完全に凌駕するにはまだ遠かったのが実情だったからだ。それにしても、道はすでに開けていた。一九世紀から二〇世紀にむかう時代の流れとともに、皇室のオーラは次第に消えゆき、たいするにメゾンの名は高まってゆくからである。この転換をリポベツキーは次のように述べている。「かつては、顧客が主人であり、職人はその影で働いていた。(……)近代とともにすべてが逆転する。こうして立ち起こった新しい論理をオートクチュールの興隆ほど端的に示すものはない」。オートクチュールの出現は貴族財の終焉を早めるのである。引用を続けよう。

贅沢の近代は、顧客に従属していた旧来の地位からクチュリエが解放されて、モードを牛耳る新しい権力をかざしてみせることになる。デミウルゴスであるクチュリエの黄金時代が生まれた。それは以後百年続くことになるだろう。(……)ラグジュアリーを構成するのはもはや品質の高さだけでなく、名のオーラであり、大ブランドの名声であり、グリッフの威信、ロゴの魔術なのである。

ここに指摘された転換は、貴族の時代の凋落と深くかかわり、デモクラシーの台頭と軌を一にしている。ブランドが顧客から自立するということは、貴族の家名の価値が潰え去り、商人のメゾンの名に価値が移るということにほかならないからだ。

換言すれば、デモクラシーの時代とともに贅沢は貴族財であることをやめ、商品化して金で買えるものになったのである。かつて贅沢は「生まれ《オリジン》」と結びついていた。その貴族財が金で買えるものになる――ここから現代的なラグジュアリー・ブランドまでは一直線である。

とはいえ、歴史を遡ってみれば、実は、金で買えないはずの「生まれ」もまた歴史の早い段階から金で売買されていた……。財力のあるブルジョワは、爵位はもちろんのこととして、家名をも買い取って「真の」貴族になりたがったからである。『恋愛と贅沢と資本主義』は一八世紀のイギリスで起こっていた事態をこう描いている。「今日見受けられることは、富裕になったイギリスの商人が自分たちの先祖の紋章を探すべく紋章院におしかける姿である。彼らは紋章を探し出せれば、これを馬車に描いたり、皿に彫ったり、家具調度にぬいつけたり、新築の家屋の破風《はふ》にきざみこもうとしているのだ」

ゾンバルトが語っている新興成金たちの姿は、誇らしげに持ち物のロゴをひけらかす現代のわたしたちになんと似通っていることだろう……。わたしたちは、貴族の生まれの力を葬送したデモクラートの時代の末裔なのである。そのわたしたちにとって、「ルイ・ヴィトンはルイ・ヴィトンだから価値がある」のはもはや自明のことだ。ラグジュアリーはすっかり大衆のものになったのである。

だが、少し結論を急ぎすぎたようである。モダン・ラグジュアリーの全面的普及には、二〇世紀を待たねばならない。ワースが果たした価値転換は、もうひとりのクチュリエによってはるかにラディカルに成し遂げられてゆく。いうまでもなくシャネルだが、その前になおみておかねばならないブランドがある。エルメスである。エルメスの採った戦略は、一九世紀の「ブランドの王道」をふみつつ、二〇世紀に橋をかける戦略だった。

その次第を次章にみてゆこう。

2章

希少性の神話

エルメスの戦略

1　馬車 vs. 自動車──エルメスがフォードに勝つ

ハンドクラフトという贅沢

「ルイ・ヴィトンはファッション・ブランドにはならない」。こう言いきる秦前社長の言葉どおり、伝統を重んじるヴィトンは熟練した職人のクラフトマンシップを大切に引き継いでいる。

けれどもクラフトマンシップというなら、ルイ・ヴィトン以上にそれをアピールしているのはエルメスだろう。エルメスのバッグはすべて職人によるハンドメイド、一つ一つ造った職人がわかるようになっていて、リペア・サーヴィスにだすと、担当した職人が自ら直すシステムになっている。この徹底した職人生産こそエルメスの最大の魅力であるのはいうまでもない。

というのも、ハンドクラフトはそれじたいがラグジュアリーだからだ。量産がきかないからだが、それ以前に、もともとハンドクラフトは貴族財の属性なのである。たとえばオートクチュール。ウジェニー皇后はじめ往時の貴婦人が身につけた衣擦れの音も麗しいドレスはいずれも手縫いで、今も文化財として保護されている高度な刺繡技術や手編みレースなどが惜しげもなく使われた。だからこそ一着に何百万円もかかる。ハンドメイドは貴族的ラグジュアリーの証だといってもよい。

そして、ハンドクラフトが貴族財であることに付随するもう一つの大切なポイント、それは、いかに優れた職人技がほどこされていても、その職人の名は表舞台にでないということである。「顧客が主人で、職人はその影にいた」というリポベッキーの言葉は貴族財のありかたを端的に語っている。

香水の例がわかりやすいだろう。現代でこそシャネルからイッセイ・ミヤケまで、デザイナーの名を冠した香水がでまわり、香水とブランドは切っても切れない縁で結ばれているが、貴族の時代は、それぞれの貴族が屋敷に調香師を召しかかえて好みの香水をつくらせた。一家一門に一人の調香師、あるいは一人の貴婦人に一人の調香師というように。れっきとしたオーダーメイドだが、調香師の名は無名のなかに消えうせて残らない。元来、貴族財とはそういうものなのである。

「浪費的」という形容詞がいかにも似つかわしいこうしたハンドクラフトの卓越性を見抜き、他人に差をつける顕示的効果を指摘したのは『有閑階級の理論』の著者ヴェブレンである。

手労働のほうがより浪費的な生産方法である。という理由は二つある。この方法で作られる財は、金銭的な名声という目的によりよく役に立つからであり、さらにまた、手労働の印が名誉に値するものになり、したがってこのような印をもつ財が、対応する機械製品よりも品質において高く格づけされるからである。

量産されて多くの人びとの手に届く機械生産物とはちがって、ハンドメイドでつくられた品を所有することは、他者にたいする卓越性の証となる。アメリカの成金階級を辛辣な観察眼で描いたヴェブレンの言葉は、まるで現代のエルメス人気の秘密を説明するためにあるようだといったら言い過ぎだろうか。

だが、実のところエルメスというメゾンはまさにこの差異化を狙って「職人生産」を戦略的に選びとったブランドなのである。

エルメスの創立は一八三七年。ルイ・ヴィトンよりさらに伝統の古いこのメゾンがもともと馬具商であったことはよく知られている。現在の主力商品の一つであるスカーフに馬や馬具にちなんだモチーフが使われているのも理由のひとつだろう。

スカーフのモチーフをとってみてもエルメスがいかに馬や馬具を大切にして、「起源の神話」を守っているかうかがわれるが、それ以上のシンボルは何といってもエルメスの商標になっている馬車である(図10)。ヴィトンを語るのに木箱を忘れてはならないのと同様、エルメスを理解するには馬車の時代へとタイムトリップしなければならない。馬車こそ貴族的ラグジュアリーの典型なのだから。老舗メゾンのエルメスは鞍を主力商品にした高級馬具商だった。けれども世紀の変わり目、新時代のゆくえをみすえたエルメスは、商品の転換を図ったのである。

エルメスは、なぜ、いかにしてその「起源」を変えたのだろうか？

馬車はステイタス

エルメスの商標に使われている馬車は、名を「デュック」という。公爵という意味だが、現代の車にリムジンとかセダンとかの別があるのと同じように、当時の馬車も型によって名がついていた。このデュックがエルメスの正式な商標として登録されたのは戦後だが、この馬車がはやったのは第二帝政期。車に流行があるように馬車にももちろん流行があったのだ。デュック流行の原因をつくったのは、やはり時のファッション・リーダー、ウジェニー皇后である。例のクリノリンで膨れあがったドレスを思い出していただきたい。あのドレスを着て馬車に乗

図10　エルメスの商標のもとになった馬車「デュック」
（竹宮惠子『エルメスの道』より）

るには、踏み台が高くてはとても無理だ。デュックは、ドレス姿の貴婦人が乗りやすいように車体が低くなるよう考案されていた（図11）。美々しいドレスを着たパリの美女たちはこの瀟洒な馬車に乗り、折からトレンディ・スポットになりはじめたブーローニュの森へ馬車を駆らせた。エルメスの店舗があるのはフォブール・サントノレ二四番地、森への通りがけという絶好の位置にある。もちろんデュックは無蓋馬車。当時の馬車は、ひとを運ぶ交通手段であるとともに、乗る人びとがたがいに挨拶を交わしながら装いを競いあう社交のための乗り物でもあった（図12）。

その乗り物はだから、機能的であるとともにおしゃれで優雅でなければならない。馬車こそラグジュアリーを極めるもの、ステイタス・シンボルであり、

図11　「デュック」とよく似た「プチ・デュック」．いずれもクリノリン・スタイルで乗れるように車体を低くしたこれらの馬車は第二帝政期の最新流行だった

貴族の所有する馬車には、たいていブランドのロゴならぬ貴族の家名の紋章が扉にあしらわれていた。

そして、その馬車はもちろんハンドメイドである。ヨーロッパの貴族的ハンドクラフトは馬車に極まる。だからエルメスのバッグを語るなら、その前に馬車をこそ語らねばならない。エルメスのバッグはこうした馬車づくりのありかたを継いだものだからである。

別の場所でわたしはエルメスを語って次のように書いたことがある。

わたしたちの知るエルメスといえば何といってもハンドバッグとスカーフである。いったい高級馬具工房エルメスはなぜ馬車からファッション品へと主力商品を変えたのか？　その転換点

図12　ブーローニュの森への散策は上流社交界のトレンド

に、一九世紀と二〇世紀、そしてフランスとアメリカが介在しているのが実に興味深い。おおげさにいえばエルメスをとおして世界資本主義の変容が見えてくるからである。（『ブランドの世紀』）

ここで二〇世紀というのはアメリカとその「自動車文化」を、一方の一九世紀とはヨーロッパと「馬車文化」を指してのことだが、まさにエルメスというメゾンの変容をとおして、馬車文化と自動車文化の対決――つまりハンドクラフトと機械生産の対決がみえてくる。順をおってみてゆこう。

自動車先進国ヨーロッパ

第二帝政期に飛躍的発展をみた鉄道は大量輸送のための交通手段だったが、パーソナルな交通手段は二〇世紀初頭になってもいまだ馬車が主体だった。それでも世紀末には自動車製造が生誕の緒につく。製造はハンドクラフトだが、自動車生産のパイオニアはアメリカではなくヨーロッパである。というのも、長い馬車文化の伝統のあるヨーロッパはインフラである舗装道路が整っていたからだ。下川浩一『世界自動車産業の興亡』はこのプロセスを次のように語っている。

ヨーロッパの社会的風土の中での一つの大きな特徴は、早くから舗装された街路をもつ都市文化が発達していたことである。そしてこの煉瓦や石畳で敷きつめた街路を、貴族や商人たちが豪華な馬車で走りぬける風景は、ヨーロッパ都市のいたる所で見られた。

石畳を颯爽と走るそれらの馬車は、職人生産の産物であり、当然ながらオーダーメイドであった。引用を続けよう。「馬車づくりはこのようなヨーロッパの都市文化の伝統の中で育まれてきたものであり、近代的な機械制大工業が産業革命で発達する以前から、ギルド職人やマニュファクチュアで分業によってつくられていた。車輪、車軸、車体、扉《ドア》、座席など、主要構成部分ごとにそれぞれ専門の職人がおり、それぞれ分業しながらそれらを組みつけて馬車はつくられていた。／しかし一台一台の馬車は、それぞれのオーナーの好みを反映して、注文生産でつくられるオーダーメードが基本であった」

すべてのオーダーメイドがそうであるように、注文生産は製造コストが高くつく。当然ながらパーソナルな交通手段として馬車をつくらせるのは富裕な一部の特権階級、すなわち貴族か富裕なブルジョワにかぎられていた。まさに馬車は貴族財なのであった。ちなみにこうしたヨーロッパ的なハンドメイドの伝統は現在も存続していて、イギリスのロールスロイスやドイツのベンツのような限定生産の高級車に引き継がれている。それ以上に、ハンドクラフトの限定生産の伝統を今に継ぐのはポルシェやフェラーリのような高級スポーツカーだろう。日本でとみに人気の高いフェラーリは注文してから三年待ちは常識だという。オーダーメイドの伝統がしっかりと生きているのである。

カーマニア怪盗ルパン

ちなみに、高級スポーツカーといえば、『怪盗ルパン』が想起される。ルパンは稀代のスピード狂だ。盗んだあとは一刻も早く姿をくらまさなければならない泥棒稼業の彼は高級自動車のハンドルを握って猛スピードをあげる。時代背景は二〇世紀初頭のベルエポック。まさにヨーロピアンな高級カーが華やかなりし「高級自動車のベルエポック」である。ルパンがとびきり贅沢な高級車を乗りつぶさんばかりに飛ばして逃亡するシーンは枚挙にいとまなく、代表作『奇岩城』など、ルパンの乗った自動車と鉄道列車がスピード競争をやるシーンまでそろっている。盗む名画から乗り回す自動車まで、怪盗「紳士」ルパンの生活はまことにラグジュアリーを極め、なかでも高級自動車は特筆ものだ。この怪盗ルパンにもよく表れているように、当時の自動車は貴族のお坊ちゃまの遊び道具だったのだ。現代でもカーレースの分野ではアメリカでなくヨーロッパが本場なのは、この伝統に汲んでいるのである。

けれども、この高級車の伝統は、ヨーロッパを自動車後進国にした。ふたたび『世界自動車産業の興亡』から。「ヨーロッパでこのように、自動車のユーザーが自動車の値段にはこだわらなくてもよい上流階級に限定されたことと、クラフトマンシップによる伝統的熟練＝万能工的熟練によって自動車が製造されたことは、結果において自動車の大衆市場の発展やそれにふさわしい大衆車の出現をさまたげ、大衆車を安く大量につくる大量生産方式の発展をおくらせることになった」

ハンドメイドの貴族財の王国であるヨーロッパの前に、二〇世紀の覇権国アメリカが姿を現す。エルメスに転身の決意をうながすアメリカが。

アメリカの自動車立国が火蓋を切ったのである。

図13　完成当初のＴ型フォード

大衆車の覇権

ヘンリー・フォードが永年の試行の末についにT型モデルをデビューさせたのは一九〇八年のこと(図13)。ヨーロッパから伝わってきた高級自動車をコストダウンして広く大衆のものとすること、それがデトロイト生まれのこの自動車王の夢だった。フォードのその夢はまさしくデモクラシーの国アメリカの夢でもあった。コストが安くしかも性能の良いT型フォードは「フォードのかねてよりの生涯を賭けた夢であった農民のため、真の大衆のための実用的な車であり、アメリカのみならず、世界のモータリゼーションをリードする車となった歴史的かつ記念碑的な車なのである」(同前)。

以後フォードは十数年間にわたってこのT型フォードを売り続ける。その間の延べ生産台数は一五〇〇万台以上。フォードとともに、アメリカ国民は「車のある生活」をエンジョイするようになったのだ。大衆車は貴族のいない国アメリカに生まれるべくして生まれたというべきだろう。

アレンの名著『オンリー・イエスタデイ』は、こうして始まったアメリカン・ライフの典型的スタイルを、「スミス氏」に託して次のように描いている。

朝食後、スミス氏は自動車で出勤する。(……)スミス氏の車を、車体が高くて不恰好だが性能の良い当時のT型フォードと仮定して、しばらく彼の様子を見守るとしよう。右手の扉から、彼は車によじ登る。(……)ついにエンジンが動き始めると、スミス氏はハンドドルをにぎる。非常ハンドブレーキをゆるめ、左足を低速ペダルにのせて押す。車が音を立てて走り出すと、左足をゆるめ、高速ギヤを入れて、左足を外す。いまや、心配な事はただ一つ、中心街に向かう長い丘である。(……)

スミス氏は十年後に比べれば、ずっと空いた道路を走っている。通勤の途中で、行き交う車は一九二九年の三分の一である。わずか十年後に二千三百万台を越えた車の登録台数は、一九一九年当時の合衆国では、七百万台以下である。付近には舗装道路がほとんどないからスピード制限もそれに見合っている。

「不恰好だが性能の良い当時のT型フォード」が庶民の通勤の足となった一九一〇年代のアメリカン・ライフが浮かんでくるようである。フォード社がベルトコンベア方式を本格的に開始したのは一九一三年。スミス氏が乗っている車はまさにフォード・システムの産物である。そして十年後には、この車の台数が三倍に膨れあがってゆく……。自動車大国アメリカの登場である。アメリカが未曾有の繁栄を享受した一九二〇年代、T型フォードは全アメリカの自動車の三分の二を占めたばかりか、全世界の自動車の半数という圧倒的シェアを誇った。

こうしてアメリカが覇を唱えたのはたんに自動車生産だけにかぎられなかった。T型フォードが資本主義に大きな影響をあたえたのは、ベルトコンベア方式による大量生産システムの開発によってである。フォード・システムと呼ばれたその生産工程は、電気製品はじめ数々の製造業で大幅なコストダウンを成功させ、大量消費の普及とともにやがて経済社会全体を巻きこむ二〇世紀型資本主義のモデルとなってゆく。まことに二〇世紀はアメリカの世紀であった。

同じ頃、ヨーロッパではルパンのような大金持ちや貴族たちがハンドメイドの高級自動車でスピード競争に熱中していた。ようやく二〇年代後半になってヨーロッパにもフォード・システムが定着するようになるが、その遅れの原因は、クラフトマンシップの強いヨーロッパではフォード型の機械生産が抵抗にあったことが大きい。フランスも例外ではなかったが、プジョーやルノーなど、大手の自動車会社が遅ればせながらフォード・システムの導入に踏み切ってゆく。バカンスに車で出かける光景が見られるようになるのはようやく第二次大戦後のことである(図14)。

フォードvs.エルメス

だが、プジョーやルノーよりも先に、自動車先進国アメリカに直面していた人物がいる。ほかでもないエルメスである。創立者ティエリ・エルメスの孫にあたる三代目のエミール・エルメスは第一次大戦で入隊を経験するが、軍はエミールを馬具用の革の買付けのためにカナダに派遣した。そこで彼は自動車先進国の現実に直面したのである。エミールは、馬車が一九世紀の乗り物であることを実感せずにはおれなかった。実はこのエミール、修業時代にルイ・ルノーと親しくなり、彼から自動車の最新情報を聞かされていた。

図14　フランスの自動車ルノーの広告ポスター．20世紀初頭

そしてカナダの地を踏んだエミールは友人の意見

の正しさを悟った。彼はついに自分の目で確かめたのである。二〇世紀が自動車の世紀であることを。

このままでは馬具商に未来はない――エミールは新世紀にサバイバルするメゾンのゆくえを思案した。そして彼は、大きな賭けにでた。このときのエミールの決断が今日のエルメスをつくりあげたといってても過言ではない。

職人肌の兄にくらべて商才豊かだったエミールはこう考えたのである。これからは大量生産の規格品が支配的になってゆく。ハンドクラフトの高級品はいまや時代錯誤の代物だ。だが、逆転の思考というものがある。大量生産が普及すれば、ハンドメイドの少量生産は、その希少性ゆえに別の商品価値を持つようになるにちがいない……。

エミールのこのアイディアは天才的な商才の賜物であるとはいえ、クラフトマンシップが根強いヨーロッパ文化の伝統に培われた発想である。エミールは比類ないハンドクラフトの技術を擁するメゾンがその技能を新世紀に活かす道を考えたのだ。

ここで対決している二つのもの、それは「職人生産による少量生産」と「機械生産による大量生産」であり、つまりはヨーロッパ対アメリカである。エミール・エルメスはヨーロッパの老舗ブランドの申し子として、「少量生産」と「高級品」に賭けたのだ。

ラグジュアリーの魂

彼の決断がヨーロッパの伝統に起源を持ったものであることは、自動車生産の場合をみれば明らかである。イギリスのロールスロイスとドイツのベンツのケースをみてみよう。ふたたび『世界自動車産業の興亡』から。

二つのメーカーに共通する点は、あくまで手づくりの高級車を追求し、部品も極力内製化し、高度なクラフトマン的熟練に基礎をおいた手数のかかる高価な高級車をつくることにこだわり続けたことであろう。さらに両社の製品は、高級車をステイタス・シンボルとして欲しがる世界の王侯貴族階級などから特別発注を受け、少々待たせるのが当たり前となっていたのである。その意味ではヨーロッパ産高級車というのは、世界に市場を求める国際商品だった。完全な注文生産で手づくりの高級車の理想像を追求した姿がそこにはある。

「高級車」を「高級バッグ」に置き換えて読めば、ほとんどエルメスのことを語っている文だといってもおかしくない。王侯貴族を相手に繁栄を築いてきたヨーロッパのラグジュアリー・ブランドは、車であれバッグであれ、ハンドクラフトと受注生産という「魂」を共にしている。

エミールのうちにあったのもこのラグジュアリーの魂であった。馬具の需要がなくなる日はもうそこに迫っている。けれども、完璧な鞍造りをめざしてきたハンドクラフトの高級品は、大量生産の規格品が普及すればするほど、その価値を高めるにちがいない——エミール・エルメスの賭けが見事な勝ちをおさめたことは改めて記すまでもないだろう。自分へのごほうびと称してバーキンを発注し、いざ手にできる日を待ちこがれる日本のキャリアの女性たちは、ステイタス・シンボルの自動車を欲しがる王侯貴族の気分を味わっているにひとしい。

確かにわたしたちは、もはや大量生産・大量消費の規格品に魅力を感じない。しかも今日それは同時に大量廃棄のシステムにもつながっている。「あの国では何でも捨てる」とは、アメリカに招かれたシャネルの言葉である。ヨーロッパのクラフトマンシップは、ヴィトンのリペア・サーヴィスの広告にあったように、一生使い続けられるような耐久性のある高級品をめざす。エルメスの製品はまさにこのヨーロピアン・ラグジュアリーの精神の結晶なのである。

2　「売らないこと」を売る

希少性は市場価値

だが、ここで注意しなければならないことがある。

大量生産の規格品に飽きたわたしたちは、オーダーメイドという少量生産に過大な期待を抱く。ブランド品が広くマーケットにでまわって身近になり、ブランドと「憧れ」という言葉が直接には結びつかなくなった感のある昨今、オーダーメイド品を「待つ」ことにかつての夢の名残があるとでもいうべきだろうか。

けれども、職人的少量生産は、大量生産のマーケットがあって初めて価値をもつ。希少性とは、あくまでマス・マーケットを前提とし、その枠があってこそ発生する価値にほかならない。「品薄」という表現はマス・マーケットを前提として成立する言葉なのだ。別の言いかたをするなら、もしその製品が市場化されず――たとえば先に述べた貴族おかかえの調香師のケースのように――たんに一消費者がハンドメイドでつくらせた愛用品というだけなら、確かにそれは特注品ではあっても希少性という商品価値は付与されない。つまりそれは贅沢品ではあっても、商品ではないから、当然ブランドではありえない。

要するにブランドとはマーケットを前提にして初めて成立する商品価値であって、希少価値を売ろうというエミール・エルメスの決断は、あくまで市場を前提にした上の話なのである。

ということをさらに敷衍するなら、受注生産といっても決して一点生産ではなく、既製品であり、多少の「量産」の枠があるということである。エミールは、鞍をはじめとする馬具に代わるこれからの商品を何にするか、あれこれ思いをめぐらせては試作させ、店においた。鞍造りのテクニックを活かしてステッチを表にだしたハンドバッグに始まって、ベルトから猟犬の首輪など、今日まで続いているエルメスの皮革製品は既製品である。

その皮革製品に続き、やがてエルメスの第二のシンボル的商品となってゆくスカーフも、当然ながら既製品であって特注品ではない。ステイショナリーやアクセサリーなどのエルメス小物はもちろんのこと。過剰生産をしないよう管理が届いているから、確かに「品薄」ではあるけれど、やはり多少の量産品であるにはちがいない。

そう、モダン・ラグジュアリーとは商品生産なのであって、マーケットを前提にした生産なのである。それこそが貴族財とブランド品を分かつ境界線にほかならない。

ブランドは量産？

　問題を、起源にもどして考えてみよう。ここで起源というのは、あのオートクチュールのクチュリエ、ワースのことである。エルメスをはじめとするヨーロピアン・ブランドの希少性戦略を理解するには、ここに立ち戻ってみる必要がある。

　ワースのオートクチュールが「モデル方式」を立ちあげて、顧客の好みから自己のデザイン先導のシステムをつくりだしたことは一章ですでにふれた。このシステムは、顧客一人の好みによって一点ものをつくるという従来の職人生産ではありえなかった量産を可能にした。顧客の注文とかかわりなく自分のデザイン・モデルを先に見せるのだから、前もって多少の数を揃え、かつ、客の選択に応じて同一モデルの複数製作が可能になるわけである。ワースはこのシステムをもってオートクチュールを立ちあげた。以後、すべてのラグジュアリー・ブランドが後を継ぐことになるこの製作システムを、リポベッキーは次のように評している。

　オートクチュールとともに、贅沢ははじめて創造的インダストリーとなる。おそらく大ブランドの製作のしかた――ハンドメイド、オーダーメイド、量より質へのこだわり、クチュリエの熟練――といったものはなお残り続けたにちがいない。けれども、そこでは同時にまた量産という近代原理が発揮された。量産といっても数は多くなかったが、百や千のモデルが再生産された。オートクチュールは、技術革新によって大量の規格品が生産されるようになる大量生産が普及する少し前に、限定生産を広めたのである。

この文に続いてあげられた数字をみれば、このオートクチュール・システムの「限定生産」の規模の見当がつく。一八七三年にワースのメゾンでは一二〇〇人の職人が働いており、一九三五年の時点でシャネルのメゾンでは四〇〇〇人が働いている。この数字をみただけでも、厳密な一点もの生産ではないのは明白であろう。

エミール・エルメスが職人気質の兄と決別して馬具商エルメスの看板をおろし、皮革製品を売る新しいエルメスをオープンさせたのは一九二二年。その製品の希少性がどの程度のものであったか、このデータでおよそ想像してみることができるだろう。少量生産は「量産」の一形態というべきであって、一点もの生産では断じてない。だからこそそれは「モダン」ラグジュアリーなのである。

もういちど繰り返しておこう。限定生産という少量生産——これをもって初めて貴族財は商品となり、今日わたしたちの知るようなブランドになったのだ。

ライセンスを厄介払いする

とはいえ、ラグジュアリー・ブランドはいわゆる「量産」を決してしない。ルイ・ヴィトンもエルメスもシャネルもライセンス契約を結んだことのないメゾン・ブランドであり、そのことが今日の成功の大きな理由になっているのは誰もが認めるところである。ライセンス・ブランドについては、三田村蕗子『ブランドビジネス』に詳細な記述がある。

海外ブランドのライセンス品は一九五五年にはじめて日本に登場した。この年、大丸百貨店がクリスチャン・ディオールとデザイン利用契約を結び、ディオールのオートクチュール(高級注文服)の販売を開始する。六〇年代に入るとこの動きは加速し、伊勢丹はバルマンと、松屋はランバンと、松坂屋はニナ・リッチと、高島屋はピエール・カルダンのコレクションの複製権を買った。要は、オートクチュールのデザインを使った合法のコピー品だ。

三田村が続けて語っているとおり、百貨店の次は商社が介在して、一九七〇年代の日本は

「ライセンスブランドの黄金時代」に突入する。なかでもカルダンはライセンス・ブランドの立役者として三井物産などと手を組み、「ハンカチ、かつら、シーツ、カーテン、スリッパ、タオルなど最盛期で三十数社におよび、ありとあらゆる商品にカルダンのロゴがつけられた」。

こうして「ありとあらゆる」商品に海外のデザイナーのロゴが氾濫した光景は、確かに日本のブランド消費の歴史に今も鮮明な一頁を刻んでいる。カルダンのロゴが入ったトイレのスリッパがスーパーマーケットで売られていたのを覚えておられる読者も少なくないことだろう。カルダンのほかに、イヴ・サンローランやディオールもライセンスによって大量生産されたブランドの一つである。

このビジネスは、ライセンサーのデザイナーの方からすれば契約後は何の製作努力もせずに定額の収入が見込めるのだからたいそう割りの良いビジネスだった。ライセンス・ビジネスの雄カルダンはこれによって巨万の富を築きあげた。けれども、この大量生産によって、カルダンの「名」のバリューは地に落ちた。自動車王フォードが十数年にわたって同じT型フォードを売り続け、飽和市場に達して売上げを伸ばせなかったのと同様である。

日本でライセンス・ブランドになって飽和市場化したブランドはカルダンだけではない。ラグジュアリー・ブランドだけをとってみても、ディオールやサンローランは高級感を失って大きな痛手をうけている。

ＬＶＭＨは、この損失をカットしてブランド・イメージの回復をはかるべく、九〇年代以降、矢継ぎ早にライセンス契約打ち切りの手にでている。一九九八年、ディオールはカネボウと結んでいたライセンス契約を解除した。クリスチャン・ディオールは、ＬＶＭＨ社長アルノーの思い入れ深いブランドである。アルノーはルイ・ヴィトンがマーク・ジェイコブスの起用によって「モードの顔」を見せた例にならって、ジョン・ガリアーノをディオールのデザイナーに起用し、その勢いに乗ってライセンス・ビジネスの廃止にでたのだ。同じくＬＶＭＨ傘下に入ったフェンディも二〇〇〇年からライセンス契約を廃止している。

ラグジュアリー・ブランドにとって、陳腐化ほど恐ろしい敵はない。少なく、高く、売ること。「売らない」ことによって売ること──この戦略は、七〇年代以来のライセンス・ブランドが飽和市場に達していた日本で打たれるべくして打たれた戦略だった。ラグジュアリー・ブランドは希少性あってこそオーラを放つ。追いかけるようにグッチ・グループも二〇〇〇年に日本でのサンローランのライセンス契約を解除している。

Hの神話

事態を逆にいえば、LVMHにとっては過去の過剰生産によるネーム・バリューの低下を清算する手続きを要したということである。だが、一度もライセンス・ビジネスに諾を言ったことのないエルメスにとっては問題じたいが存在しなかった。およそ一世紀前にフォードに対決したエルメスにとって、ハンドクラフトによる少量生産は譲ることのできないスタイルだったのだ。

一般にエルメスは自社のデータを公開しないので有名である。マーケティングにたいしてもメディアにたいしても、エルメス社の扉はかたく閉じられている。「神秘のヴェール」につつまれたブランドとはよく言われることだが、エルメスがいったい何を守り、何を売ろうとしているのかは、実はその「敵」によってより良く知ることができる。

ここで敵というのは、いわゆる「偽物」のことである。ブランド商品には偽物がつきもの、そっくり似た商品から一見して偽物とわかるものまで、ラグジュアリー・ブランドにはさまざまな「分身」がつきまとう。「贅沢とその分身」も本章のテーマの一つだが、それを詳述するのはもう少し後にして、ひとまずエルメスのイミテーションに話をしぼりたい。

というのも、「はじめに」でふれたグアムでの話は、後日談があるからだ。実はわたしも機会があって、あの後グアムに出かけたのである。そこで見聞したエルメス事情は、「職人生産の神話化」をまざまざと感じさせるものだった。

着いた翌日、聞いていたショッピング・ビルに立ち寄った。一階入ってすぐのところに、どうみてもケリーに見えるバッグをウィンドウに並べた店がある。Hのロゴが目立つディスプレイだ。友人の話をすぐに思い出した。

中をのぞくと、日本人の店員がむかえた。「これ、エルメスなんですか」とたずねたわたしに、「うちはハイクラスです」という答えが返ってきた。なんとなく聞いた名前。数年前まで日本にも出店していたとのこと。

「エルメスで長く働いたイタリアの職人が独立してひらいたブランドなんです。本店はミラノで」。確かにその店は独得の革の匂いがたちこめていた。革はエルメスと同じ仕入れ先から取り寄せるのだという。「クージュ・セリエってごぞんじですね。鞍を縫うときの縫い方です。うちも同じクージュ・セリエなんですよ」

「だけど、どう見てもエルメスですよね、これ」とわたしが言うと、店員の方は少しも悪びれず、「そうでしょう、だから売れるんです。エルメスを持ったお客様がよく買いにいらっしゃいますよ」。それからも、内縫いとか外縫いとか、いろいろテクニカルな説明が続いた。数は多くないが、オーダーメイドも扱っているという。同じ型でも革を選ぶことができるし、もちろん色も選べる。縫い方も選べるというのである。エルメスがハンドクラフトであることを妙に実感させられたいっときだった。

ところで値段はというと、きっちり一桁ちがう。バーキンはたいてい百万円ちかい値がつくが、その店のものはすべて十万円単位。さすが本物でないものは安いなあと感心した。

翌日、またそのビルに寄った。寄るような中心街にあるビルなのである。

驚いたことに、入ってすぐのエスカレーターで二階にのぼると、すぐ正面にエブリンを飾った店があった。昨日の、一階にあった「ハイクラス」とはまた別の店である。鮮やかなブルーにHのステッチが入ったそれは、どうみてもエルメス定番商品のエブリンだ。店の名は、「H&H」。昨日見た店よりずっと格の落ちる店がまえである。中には客の気配もない。

いったい、どうなっているの——そう思っているわたしに、うまくない日本語で店員が話しかけてきた。その話にまた驚いた。

「エルメスにいた職人が辞めて店を開いたんです。だから使ってる革も同じ、縫い方も同じね」。それより話が同じじゃない——内心でつぶやいたわたしに、もう一人の店員がやおら写真集をもってきて広げた。革を扱っている職人のアトリエ風景を写したモノクロ写真集である。

「だけど、おたくは」と、国籍を聞こうとしたわたしの先回りをして、相手は答えた。「ええ、うちは韓国です。だから安いよ、ほら」と、クロコのケリーやらガーデン・パーティ、皮ベルトなどなど、たくさんの商品がある。

「これ、いくら?」やはり黒のバーキンを指して聞くと、五百ドルという答え。なんだか面白くなってきて、いろんなバッグの値段を聞いた。「ほら、日本のお客さんからこんなに注文きてるね」と、オーダーシートをパラパラめくって見せられた。確かに日本人の女性の名前と住所が書きこまれ、品番らしい数字などが並んでいる……。

それにしてもどうなっているんだか。友人の行った店って、もしかしてこちらなのでは?思いがけずエルメス「のような」商品を次々と見せられたわたしは、いわゆる本物と偽物について、改めて考えさせられた。

イミテーションは、一口に偽物といっても、まさにピンからキリまである。エルメス直営店で売られている以外の商品はすべて「偽物」にはちがいないが、話をわかりやすくするため、ここではエルメスを模倣したエルメス「のような」商品をピンからキリまで一括してコピーと呼ぶ。そのなかでもピンにあたる商品を「擬似エルメス」、キリに位置する模造品を「偽物」と呼ぶことにして話を続けたい。

翌日、「擬似エルメス」ともいうべきハイクラスにふたたび足をむけた。昨日の女性店員の方がにこやかに出迎えた。買う気になったのだと思われたのかもしれない。

「ねえ、どうなっているんですか、二階にもエルメスみたいなのがありましたよ！」。そう言うわたしに、心得顔の店員が、「あれは韓国のコピーですよ」と答えた。確かに二階の店の店員は韓国人だった……。問題にもしていないという顔で説明してくれた。

それは、実に驚くべき話だった。理由がすごい。ハイクラスは、二階にある韓国コピーの店を相手どって訴訟を起こしたことがあるという。H＆Hというその韓国のコピー店が、商品に「ハイクラス」のネームを入れたからだという。確かにハイクラスの頭文字もHである。「一緒にされたのではたまりませんし、不法コピーですからね、訴訟にもちこんだのです。うちはブランドの特許をとっていますからね。証拠不十分ということで勝訴にはなりませんでしたけれど」。店員の話は続いた。

「うち、よく真似されるんですよね」そういう店員さんは誇らしげでさえある。複雑な気持ちで聞き入る。「実はハワイにも店舗を出していたんですよ。だけど、真似されるんですよね。

で、ハワイの店は閉めました。ヘンリーハイクラスっていうのがでてきましてね、うちより安く売るものですから、うちの商品が売れなくなったんです」

ヘンリーハイクラス。またしてもH……。「それで、そのヘンリーハイクラスもまた二階の韓国コピーと同じで、もとエルメス職人を名乗るんですよね」

「で、おたくは本当にもとエルメスの職人なんですよね？」。向こうが悪びれないので率直に聞いた。だって、一個や二個じゃなし、こんなにたくさんの数、一人でつくれるはずがないと思ったからである。やはり、元エルメス職人は一人で、彼が数人の職人を指導しているとのこと。革はエルメスで働いていたときのつてでエルメスと同じ革を取り寄せる。ただし、鍵ほか革以外の部品はエルメス内製なので、別のところから仕入れているという。話にはリアリティがあった……。「本当のエルメス」の何が神話になっているのかがのみこめてきた。

要するにわたしがそこで見聞したのは、エルメスに似せたバッグがたくさん流通しているという事実だけでなく、「職人生産《ハンドメイド》」というエルメスの生産スタイルそのものが模倣されてブランドの二次市場を形成しているという現象である。エルメスの職人を務めていたという実績はいまやそれじたいがブランド価値を有し、本当かどうかともかく「伝説化」しているのはまぎれもない。「元エルメス職人製造」を売りものにしている擬似エルメス店が、さらに他のコピー店によってコピーされるほどに……。

エルメスのH、ハイクラスのH、そのまたコピーの「H&H」のH、それからヘンリーハイクラスというH。そういえばHはハンドメイドの頭文字でもある。こんなふうに紛らわしいHのついたバッグを探せば、世界中にまだ幾らでも出てくることだろう……。

とにかくエルメスの職人生産は伝説となって市場を駆け巡っている。およそ百年の昔、三代目社長エミール・エルメスが大量生産に対決して選びとった職人生産のスタイルはここまで生きているのだった。アメリカ保護領であるグアムでわたしが思い知ったのは、つまりはヨーロピアン・ブランドの底力なのであった。

飽和市場をいかに打開するか

ところで、その後のアメリカだが、十年以上もの長きにわたってT型モデルを生産し続けたフォードが飽和市場になって売れなくなったことは先に述べたとおり。一般に、こうして市場が飽和化したときに打開策は二つある。

ひとつは新型モデルによって商品の買いかえを誘導し、取替え市場をつくりだすことである。現にフォードは、この戦略を展開したGMにトップの座を明け渡すことになる。一九二〇年代、

GMのモデル・チェンジ戦略は飽和市場を新しい市場に変えた。「不恰好だが性能の良いフォード」に代わって、クリーム色から紫色まで色とりどり、流線型のデザインも派手な車の群れが三〇年代のアメリカのハイウェイを行きかった。

つまりGMは自動車のモード化に成功したのである。人びとは、「性能」を求めてではなく、いわゆる差異を求めて車を買いかえるようになったのだ。ここから大量生産・大量消費は大量廃棄とワンセットになってゆく。たとえ性能に落ちがなくても、「古くなった」ものは価値が落ちるのである。

GMの採ったこの戦略はいわゆる商品の陳腐化である。以後、自動車生産においてはこれが常道となり、フォードまでが新型で対抗せざるをえないところに追い詰められてゆく。T型に代わるA型フォードの出現が全米の注目を集めたのはアメリカ文化史上名高い出来事だ。

自動車王ヘンリー・フォードがめざしたもの、それは「一生使い続けられるような車」だった。このかぎりでは、奇しくもフォードはエルメスやルイ・ヴィトンのようなラグジュアリー・ブランドと掲げる理念は同じである。陳腐化とはすなわち「モード化」であって、ヴィトンもエルメスも決してこのモード化戦略に全面的乗り換えをしようとはしない。「いわゆるファッション・ブランド」とは一線をひくのがブランドのブランドたるゆえんなのである。

それではいったいフォードとエルメスは具体的にどこがちがうのか？

まず、生産システムがちがう。職人生産＝少量生産 vs. 大量生産の差異である。そして、もっと重大な差異はここから帰結する価格のちがいである。ヨーロッパのラグジュアリー・ブランドは価格が高い。デザインという無形の価値を高く売りつける高価格政策はオートクチュールの始祖ワースの登場とともに動かぬものとなった。

それとともに、エルメスやヴィトンにはデザインだけに還元されない「無形」の象徴財的価値がある。それは、アメリカには決してありえないもの、すなわち王侯貴族を相手にして栄えてきた百年の「伝説」である。エルメスでオーダーメイドのバッグを買うわたしたちは、この伝説を手に入れる贅沢のための対価を払っているのである。もしその伝説が手の届かない高嶺にあったなら、そのコピーでもいいから手にしてみたいと思うほどに——。

「限定」のマジック

グアムでわたしが出会った「ハイクラス」は、堂々と旅行ガイドにも掲載されていた。ショッピング編にはずらりとブランド名があがっているが、その一つにちゃんと「ハイクラス」があって、編集部のつけたキャッチコピーがまた驚いてしまう。なんと「本物志向ならハイクラス」とある……。エルメス仕様というか、擬似エルメスというか、本物のエルメスの存在に依存してしか存在しないメーカーに、「本物志向」はないと思うのだが。

雑誌にふれたついでに言えば、「限定品」という戦略も、モデル・チェンジとならんで飽和市場を打破するもう一つの方法である。女性誌にはこの手の限定品情報が満載だ。たとえばハワイの旅行ガイドを見ると、各ブランドの「ハワイ限定品」の数々が載せられている。「限定品」とは操作された希少性販売であり、これによってブランドは過剰生産によるストック管理の負担を避け、モードに全面依存せずにマイペースのモード化をはかることができる。「今」を特権化するモードの時制を自前で演出するわけである。ブランド情報がゆきわたった現代の日本などでは実にこの「限定仕様」が売れる。大量生産にすっかり飽きた二一世紀の日本人客は、希少性に弱いのである。

こうしたマイペースのモード化というなら、さしずめエルメスはその雄であろう。マルタン・マルジェラ、ついでジャン＝ポール・ゴルチエと、異能のデザイナーを起用してプレタ部門に参入を果したといえ、エルメスはルイ・ヴィトンのように「ファッショナブルな顔」をするそぶりさえ見せない。たえず最新流行を行くモードのシーズン性にたいして画然と距離を保つのがエルメスの姿勢である。

その代わり、エルメスには独自のシーズン制がある。年間テーマがそれである。たとえば一九八九年はフランス革命二百周年を記念して、フランスがテーマに選ばれた。こうしたテーマにあわせてスカーフのデザインが毎年更新される。一九九二年は海、九三年は馬、九四年は太陽という具合に、ストリートのファッションとも業界のトレンドともまったくかかわりなく、エルメス社独自のテーマが選定され、スカーフからアクセサリーの小物にいたるまで毎年ちがったデザインが展開される。モードの時制に従属せず、それでいて「シーズン限定品」をつくりだし、マニアのコレクション欲をそそる巧みなスタイルともいえる。もちろん翌年のテーマは秘中の秘。情報の希少性もまたエルメスの戦略なのである。

3　贅沢とその分身

「偽物」たち

それにしても、先にもイミテーションにふれたとおり、ブランドといえば必ず「偽物」がついてまわる。韓国や中国のコピー天国ぶりはつとに有名だし、コピーの精度によって価格が何段階かのランクに分かれているのもよく知られている。

偽物がもっとも多くでまわるルイ・ヴィトンをはじめ、シャネルもエルメスも他の有名ブランドも偽物の取締りに膨大な費用を割いている。伝説に傷をつけるような不純物があっては困るからだ。ルイ・ヴィトンを例にとれば、二〇〇五年の一年間で、偽造品をめぐる告発は一万三千件以上、強制捜査が約六千件、逮捕された偽物業者が千人近くにのぼるという。

それでも偽物生産はあとを絶たず、わたしが見聞したエルメスの例など、たんなる偽物というより、「職人伝説」をコピーして、そのコピーをさらにコピーするという込み入った擬似ブランドの輪のようなものが形成されている。グアムでその名を聞いたヘンリーハイクラスもその一例だ。

ネットで検索すると、ネット販売のサイトが現れるが、またしても驚くべきことに、「ヘンリーハイクラス」とか「ヘンリーハイクラス・ジャパン」とか、似たようなサイトが幾つか現れ、「元エルメス職人」をうたっているようだ。ためしに後者のサイトをひらいてみると、自社についてこんな但し書きが記されている――「ヘンリーハイクラスのバッグはいわゆるイミテーション品ではありません。当ブランドの設立者が所属していた高級ブランドからバッグのデザインの使用許可を頂き、製作しております。全く同じデザインのバッグがありますが、安心してお使いください」(二〇〇六年八月現在)。そこで通販のページをひらいてみると、バーキン、ケリー、ガーデン・パーティと、エルメスの定番商品と一見まったく同じバッグが画面に登場する。ちなみに、もう一方のヘンリーハイクラスにアクセスしてみると、「類似するサイトにご注意」という趣旨の注意書きが現れる。どうやら二つは係争関係にあるらしい……。要するにコピーのコピーが出現していて、正当性(?)が問題になっているらしいのだ。いったいこれらのヘンリーハイクラスのどちらが「本物の」擬似エルメスなのか、いやはたしてこれは「擬似」エルメスなのか、それとも「偽物」なのかもはや見当もつかないが、おそらく「ネット販売」という販売形式がこうした裏市場の広がりを加速化しているのだろう。偽エルメスのサイト一つをとってみても、複雑にいりくんだ擬似ブランド市場の底知れなさが感じられる。

とまれ確実なことはただ一つ、それは、こうした本物の「分身」たちの群れが本物の価値をさらに高めているということだ。というのも、本物とその分身たちの共存は何も現代に始まったことではないからである。わたしたちは、いわゆる「偽物」のことを現代ブランドに特有の現象と考えがちである。だが、思い誤ってはならない。モダン・ラグジュアリー・ブランドはその誕生の時点からすでにその分身たちと共にある。

先に日本のデパートがライセンス・ブランドによって日本にラグジュアリー・ブランドへの憧れをうえつけた事例をみた。カルダンのような過剰生産は逆効果としても、わたしたち日本人が海外ブランドの魅惑を知ったのは、こうしたライセンス・ブランド、すなわち「合法的なコピー」をとおしてである。クリスチャン・ディオールやピエール・バルマンやイヴ・サンローランといったパリのデザイナーの名は、遠い夢の世界できらめいていた。デパートの「特選売場」は一種のドリーム・ワールドであり、デパートでのショッピングじたいが胸ときめく時間であるような時代が確かにあったのだ。

同じようなことがフランスのデパート産業にもあてはまる。ライセンス契約こそなかったが、本物とよく似たイミテーションという関係でいえば、事情はフランスでも同様だった。

モダン・ラグジュアリー・ブランドはその分身たちと同時に生誕をみる――というわけで、わたしたちは今いちどあの起源の時代、第二帝政期にたちかえることになる。産業王ナポレオン三世の治世は消費革命が立ち起こった時代、その革命の火付け役はここフランスでもまたデパートであった。

モダン消費革命

パリで初の本格的デパート、ボンマルシェが開店したのは一八五二年。ルイ・ヴィトン創業の二年前のことである。思いがけない歴史の展開によって現在ボンマルシェはＬＶＭＨ傘下におさめられているが、この老舗デパートを創業したブーシコーは、初めて「定価販売」を実現してそれまでの小売業の常道を覆した業界の革命児である。それ以前は、商品の値段は客と売り手の駆け引きで決められていた。当然、定価表示の習慣もなければ、ウィンドウ・ディスプレイも存在していない。客がものを買うには、きちんと買う決意をして、薄暗い店内に入って交渉する以外になかったのである。

ボンマルシェはこれを改めて「出入り自由《アントレ・リーブル》」という原則をうちたてた。客は買う気がなくても入店して、自由に売場を歩き、何も買わずに店を出てゆくことができるようになったのだ。しかもこれは、買う気もないのについ入ってみたくなるような巧みなショーウィンドウ・ディスプレイの演出とともに始まった。中産階級の人びとにとってまさしくそれは一つのドリーム・ワールドの出現にもひとしかった。「衝動買い」というショッピング形態はまさにボンマルシェが誕生させたものである。

ボンマルシェはそのウィンドウ・ディスプレイのノウハウを万博から学んだともいわれている。事実、ボンマルシェの開店は、ロンドンのクリスタルパレスで開催された第一回万国博覧会の翌年である。その三年後、ルーヴル百貨店が開店する。一九世紀後半はその後も続々とデパートの開店ラッシュが続く。ラ・ベルジャルディニエールはもはや存在しないが、サマリテーヌやオ・プランタンは今も現役の大手である。

これらのデパートの主力商品は何といっても衣類だった。第二帝政は繊維産業が躍進した時代である。勃興してきた中産階級のあいだに既製服へのニーズが高まっていたのだ。それまで、金銭的な余裕のない人びとが衣服を買うのは中古市場だった。ワンランク上の装いをめざすブルジョワジーのあいだには「新品」への欲望が目覚めていたのである。デパートはこのニーズを満たすべく誕生したといってもよい。機械化された既製服産業の飛躍的発展が背景にあったのはいうまでもない。ボンマルシェは、特に紳士ものの既製服を大量に売りさばいた。前にもふれたように、紳士ものの方がモデルがシンプルで模倣しやすかったからである。

つまり、新品とはすなわち高級仕立て服のコピーなのだ。オーダーメイドと既製品、本物と偽物は同時に生誕をみたのである。ワースがラ・ペ通りにオートクチュールのメゾンをかまえたのは、ボンマルシェの開店から六年後のこと。本物と偽物は誕生をほぼ同じくしている。デパートで売られた「新品」とはつまりオートクチュールのコピーであった。しかも、そのコピーにもまたピンからキリまでのランクがある。しかし当時はそれらを「偽物」とはいわず、「安物」といった。だが安物とはいえ、デパートのウィンドウに並ぶのは中級品で、衣類は中古品市場でまかなっていた庶民からみれば、それさえはるかな憧れの的であった。

こうしてオートクチュールの本物は、周囲に安物の群れを増殖させた。「本物」が安物から距離を置くべく努力したのはいうまでもない。ルイ・ヴィトンのあのモノグラムの発明が偽物を防止するためのデザインだったことはよく知られた事実である。ラグジュアリー・ブランドは、安物と偽物を防止すべく、誕生の昔から現在に至るまで多大なコストを払っている。

けれども、先にも述べたが、実のところ安物や偽物といったブランドの分身たちは、その存在によって本物の価値を高めているといってもよい。というのも、皇室や貴族のような桁外れの財力をもたない中産階級はブランドのオーラをいったい何によって感じとることができただろうか。デパートのウィンドウを飾っているような量産の中級品の存在をとおして、である。その意味で、デパートに代表される既製服の小売はブランドの伝説の流布に貢献を果たし、いまも果たし続けている。

本物ならではの仕立ての良さは、安物の粗悪さがあって初めてそのちがいがわかる。大量生産が希少性の価値をひきたてるのと同じ原理で、偽物は本物の素晴らしさを語るのだ。五〇年代の日本人はいったい何によってブランドの輝きを知っただろうか。デパートの特選品売場に並んだライセンス・ブランドのドレスをとおしてではなかっただろうか。たとえ本物があったとしても、比較項である安物や偽物がなければ、本物のオーラはわからない……。

やがて一人のデザイナーが出現して、このラグジュアリー・ブランドのパラドクスを大々的に展開し、業界に革命をもたらすことになるだろう。彼女の名をココ・シャネルという。

3章

貴族のいない国のブランド

シャネルとマス・マーケット

1　貴族にブランドは存在しない

シャネルは伝説である

シャネルのバッグを買うと、黒地に白のＣＨＡＮＥＬのロゴの入った小封筒に入れられて、小さなパンフが中に入っている。取りだして、読んでみる。カール・ラガーフェルドの描いたシャネルのスケッチのあとに、こんな言葉が飛びこんでくる。

――ひとりの女、一つの名、一つの伝説。

見事にブランドの定義になっている。
まさしくシャネルとは一つの伝説にほかならない。ルイ・ヴィトンが、エルメスが、伝説であったのと同様に。ただし、伝説の中身は大いにちがう。

伝説をつくりあげるのに、シャネルは一人の王侯貴族も必要としなかった。起源《オリジン》から王侯貴族の名を消し去ること、そして、空白となったその場所に、自分の名を刻みこむこと。それこそこのブランドの革命児がやってのけた離れ業である。シャネルと共にブランドの定義は一九世紀から離床する。デザイナー・ブランドの誕生である。

事実ココ・シャネルは自分自身を生きた伝説にしたデザイナーだ。彼女の生涯を語る伝記や評伝はいったいどれほどの数にのぼることだろう。わたしの最近の記憶では、二〇世紀が終わる一九九八年から九九年にかけて、朝日新聞日曜版が「一〇〇人の二〇世紀」と題して二〇世紀回顧の連載記事を組んでいた。あげられた一〇〇人は圧倒的多数が男性だったが、女性のなかに、マザー・テレサや与謝野晶子とならんでココ・シャネルの名があったのを覚えている。

いかなる顧客の名も必要とせずに、努力と才能によって自分の名を不滅の伝説としたシャネル。彼女と共にもう一つの「起源の物語」が幕をあける。

「名」のポリティクス

だがその幕あけまでにはもう半世紀ほど、プレリュードの歳月が要った。

その間にあったのは、いわば二つの名の力関係《ポリティクス》である。

図15　ワースのメゾン情景．1900年頃

消費者の側からすれば、ブランドの名は一つの約束にひとしい。ルイ・ヴィトンで買ったバッグなら壊れたりしない、なぜならルイ・ヴィトンだから――わたしたちはそう信じてヴィトンを買う。けれども、この信用の根拠をたどってゆけば、皇室の権威が存在し、それが商人に権威と信用を貸与していたのはこれまでにみたとおり。

オートクチュールの創始者ワースが覆そうと狙ったのは、ほかでもない、このような名のヒエラルキーであった。そのために彼はまず、ヴィトンやカルチエのように宮廷の命を受けて伺候するのではなく、顧客の方が自分のメゾンにまで足を運ぶようにした（図15）。

豪奢な室内装飾をほどこしたメゾンの中、選り抜きのマヌカンに囲まれながら、ワースは絶対者然とふるまった。たとえ相手が音にきこえた名門貴族の夫人であろうと構わず控えの間で待たせ、ようやく姿を現したかと思うと、無言で相手の装いに目をくれ、有無を言わせぬ傲慢さで可否の「判決」を下す。しかもその判決には桁外れの高値がついている……。ワースは高価格戦略によってデザイナーの威信《プレスティージュ》を高めたのである。

とはいえ時代はまだ一九世紀後半、ヨーロッパの王族はいまだ絶大な威信を誇っていた。尊大で知られたこのワースにしてさえ宮廷の権威にはやはり弱かった。そのことを生き生きと伝えるエピソードがある。語るのは、新世紀のクチュリエ、ポール・ポワレ。シャネルより四年ほど早く生まれ、ちょうどワースとシャネルの間に位置するデザイナーだが、そのポワレの自伝『時代を着せて』は興味深いエピソードを残している。

エリザベス女王亡き後、エドワード皇太子の戴冠式がおこなわれることになっていた。式典に参列する英国貴族からワースの店にマントの注文が殺到した。ワースはイギリス出身のクチュリエ、英国王室の権威を見て育っている。伝統に則ってマントの色は深紅色《クリムゾン》と決まっていた。三ヶ月というものワースの店で話題にのぼるのはこの色の話ばかり。「それはイギリス宮廷の華麗なマントの色だった。(……)ワース氏は世界中に儀礼服の傑作を示して大得意だった」

貴婦人たちを横柄にあしらって自分の名を高めたワースにしてさえ、宮廷への恭順さはこのありさまである。デザイナーの名はなお王の名よりはるか低みにある……。

カルチエちがい

ワースやポワレが活躍した時代はオートクチュールがもっとも華麗な華やぎをみせた時代。地下鉄が開通し、自動車が姿を現し、一九〇〇年パリ万博の熱気に沸くベルエポックはいわばオートクチュールのベルエポックでもあった。

そんなある日、ポワレの店をグレフュール伯爵夫人が訪れる。伯爵夫人はパリきっての名門貴族、その気位の高さは全社交界の知るところ。売り子たちはこぞって夫人の美貌をたたえていた。ポワレは夫人に敬礼をして、ドレスはお気にめしたでしょうか、と言葉をかけた。するとと夫人は傲然と頭をのけぞらせ、このうえなく棘のある口調で言ったのだ。「わたしは、あなたがお針子風情の衣裳しか作れないのかと思っていましたわ。あなたに貴婦人のドレスがつくれるなどと思ってもみませんでした」

そういえばプルーストの『失われた時を求めて』の刊行が始まったのもこの頃、伯爵夫人はそのヒロインのゲルマント公爵夫人のモデルになった女性である(図16)。ポワレの伝えるエピソードは、自分の家名に絶大な誇りをもつ往時の貴族の尊大さを語ってあまりある。伯爵夫人のせりふのメタ・メッセージはさしずめこうだ。「わたしのようなやんごとなき名門貴族を客にして名誉に思え。おまえは卑しい商人ではないか……」

たしかに名流貴族にとって、デザイナーの「名」など無にひとしいのである。

貴族の名と、ブランドの名――両立しないこの二つの名の力関係《ポリティクス》を語る例を、もう一つだけ、シャネルの回想からあげてみよう。宝飾商カルチエの話である。

モーリス・ロスチャイルド家のパーティでのこと、大宝飾商のカルチエが、ベルギー大

図16　ワースのドレスを着たグレフュール伯爵夫人．夫人はプルースト『失われた時を求めて』のゲルマント公爵夫人のモデルともなった

使のカルチエ・ド・マルシェンヌ男爵とまちがえて招待されたことがあった。カルチエ夫妻の来訪が告げられたとき、モーリス・ロスチャイルドははっきりと、そして友人たちがひとしく彼に認めていたあの横柄さをもって、これは誤りであること、家には出入りの商人は招待しないということを言い渡した。「もちろん」と彼は続けた。「サロンを一まわりして絵や家具をご覧になりたければ、それはちっともかまいませんよ……」

カルチエ夫妻はただちに踵を返した。（『ココ・シャネルの秘密』）

いずれのエピソードをとっても事態は明白である。貴族にとってブランドは存在しない。ブランドのプレスティージュは貴族の時代の終焉をもってしか始まらないのである。

言葉をかえれば、ブランドの時代はデモクラシーと手を携えてやってくるということだ。そういえばプルーストの長大な小説は、貴族勢力が没落し、勃興してきた新興ブルジョワジーが時代の実権を握る新旧二大勢力の交代劇を描いている。作家の予見したとおり、貴族の名の力を知る者たちは急速にその数を減らしてゆく。

ようやくブランドの時代が到来を告げるのだ。

ブランドと民主主義

デモクラシーと共に到来するモダン・ブランドの時代。それを如実に語るデザイナーがポール・ポワレである。よく引用される話だが、若きポワレがワースの店に雇われた経緯は、「ブランドと民主主義」の関係を見事に語っている。ポワレはワースの店から次のような申し出をうけたという。

「若いあなたもご存知と思うが、ワースの店はずっと世界中の宮廷の衣服をこしらえてきました。そして最高の身分をもつお金持ちの顧客をつかんできました。しかし今日ではそうしたお客様も豪華なドレスをいつもお召しになるというわけではなく、王女様でも自分でバスに乗り、歩いておられます。兄のジャンは簡素で実用的なドレスを作ることをいつも断ってきました。兄はその種のドレスに興味をもたないのですが、しかしニーズはあるのです。我々はちょうどトリュフ以外のものは出そうとしない老舗レストランと同じような状況にあります。今や当店でもフライドポテトをメニューに加える必要があるのです」

わたしは、この有名店のフライドポテト用のコックになることの重要性をさとり、申し出されたポストをただちに承諾した。

若きポワレは、英国貴族の威信などまるで眼中になかった。先にひいた皇太子エドワードのマントの話は、結びの一文が面白い。ポワレの自伝はこう結ばれている。「ワースにとってそれは最大の美の表現だった。ところがわたしときたら、そんなことの何が面白いのかさっぱりわからなかった」

英国貴族の儀礼服に何の興味もわかないこのポワレこそ、シャネルに先んじてモダン・ブランドを立ちあげたモード界の大立役者である。シャネルの果たしたことのほぼすべてはポワレが先鞭をつけたことだ。

実際、ポワレは宮廷社会などよりもっと広い層を見ていた。二〇世紀のデザイナーの眼には「大衆」が映っていたのである。大勢のフライドポテトたちの群れが。ポワレはその名コックとなることをめざした。

実際、彼はモードの革命児だった。女性をコルセットから解放したのは、シャネル以前にポワレである。さらにポワレはグリッフ(商標)を自分の全製品につけた(図17)。全製品というのも、ポワレは今でいうトータル・ファッションを手がけたからである。まず香水。服飾デザ

図17　ポール・ポワレは自分の全商品にグリッフ(ネームタグ)をつけた初のデザイナー

イナーが香水をつくるという伝統を創始したのもこのポワレである。あきらかに彼には「ブランド」のコンセプトがあったのだ。

けれども、それらすべてに勝るとも劣らぬこのデザイナーの先駆性は、アメリカに注目したという事実である。英国宮廷に興味を示さなかった青年は、アメリカという広大なブランド市場に目をむけた。

二〇世紀はアメリカの世紀。ドルの力が貴族の名の代わりを果たすこの国こそ、「フライドポテト」の約束の地であった。台頭した「成金」たちに辛辣な眼をむけたヴェブレンの『有閑階級の理論』は雄弁である。「顕示的浪費が名声に値する理由は、それが金銭的な能力の証拠だから」であり、「金銭的な能力が名声や名誉に値する理由は、究極的には、それが成功と卓越した力を立証するからである」。家名の栄誉に代わって「金銭《ドル》」がものをいう世界。

ドルの大国アメリカは史上初のブランド天国である。ポワレは逸早くそのおいしさをかぎつけたのだ。

アメリカ式商法

現代的なラグジュアリー・ブランドは、「貴族のいない国」アメリカを市場にして誕生をみる。売り手は「貴族のいた国」ヨーロッパ――なかでも美的センスに富み、美食とおしゃれの業《アート》に長けたフランスとイタリア――であり、買い手は金のある大衆の国アメリカである。今日、日本をトップにアジア諸国もまた巨大なブランド市場を形成しているが、それをのぞけば、売り手がフランス・イタリアで、買い手がアメリカというこの大まかな図式は二一世紀の現在もほとんど変わっていない。

ラグジュアリー・ブランドを「知価ブランド」という独特なコンセプトで捉える堺屋太一のブランド論は、この二〇世紀末の世界市場の動向をまとめて、この時期アメリカやイギリスでは規格大量生産が衰退して情報金融産業が発展したが、フランスやイタリアでは知価ブランドが芽生えていた、と述べている(『ブランド大繁盛』)。二〇世紀イギリスには金融産業が、アメリカには情報産業が発達したのにひきかえ、フランスやイタリアはラグジュアリー・ブランドがアメリカ市場をターゲットに興隆を遂げたのである。

こうした歴史の動きの波頭を切ったのが他でもないポール・ポワレである。世界大戦直前の一九一三年、彼はアメリカの土を踏んだ。

彼がそこで目にしたのは、想像を超えた「フライドポテトの氾濫」であった。というのも彼はそこニューヨークで、自分のつくった覚えのない帽子やドレスに「ポワレのラベル」がべたべたと貼られている光景を目の当たりにしたのである。「顕示的消費」が好きなのは有閑階級だけではなかったのだ。

帰国後、ポワレは直ちに「オートクチュールを守る会」の結成をはかり、意匠権の擁護に立ちあがる。

それにしても「アメリカ商法」に憤激するポワレの言葉は面白い。「アメリカの商人のやり方は、自分たちの粗悪な商品を好き勝手なラベルでくるむことであるらしい。この国民はブランドが大好きで、商品価値がわからなくてもブランドだけで価値判断をする」

まったく、デモクラシーの国アメリカはブランド好きだ。ラベルがついていればそれだけで喜んで買う。品質の「ちがい」のわかるような貴族的な美意識などフライドポテトには縁がない……。こうしてここ二〇世紀のアメリカで、もしこう言ってよければ、「大衆」と「ブランド」のミスマッチな結合が史上初めての成立をみたのである。

あのエミール・エルメスがアメリカの地を踏んだのはこの数年後のこと。エルメスもまた大量の粗悪品の氾濫に背を向けて、フランスの貴族財を護る決意をする。他のオートクチュールとならんで、エルメスはフライドポテトに「ノン」を言い、ハンドクラフトの少量生産を堅持する決意を固めたのだ。

ところが、それらのフランス・ブランドのなかでただひとり、大量生産に「ノン」を言わなかった者がいた。ココ・シャネルである。

エルメスもポワレもそろって背を向けたアメリカのことを、シャネルはこう言った。「わたしはアメリカが好き。わたしはあそこで財を築いた。たいていのアメリカ人にとって、フランスのシンボルといえばシャネルなのよ」

シャネルは大衆のブランド消費に「ウイ」を言った。ここからブランドの現代史の幕が切って落とされる。

2　シャネルという名のフォード

モード革命

シャネルとアメリカ――モダン・ラグジュアリー・ブランドの誕生の記念碑ともいうべきこの二つの「幸福な結婚」を象徴する一枚の服がある。

一九二六年、アメリカ版『ヴォーグ』に一枚のドレスが載った(図18)。何の飾りもない、シンプルな、黒のドレス。ヴォーグの記者はそのドレスにこういうコメントをつけていた。「これはシャネルという名のフォードだ」

同じマークの車が同じ型だからといってわれわれは買うのをためらうだろうか。いや逆だ。同じだからこそ品質が保証される――記者のコメントはこう続いている。

図18 アメリカ版『ヴォーグ』に掲載されたシャネルの「リトル・ブラック・ドレス」. 同誌は「これはシャネルという名のフォードだ」と讃えた

フォードのように大量生産される、大衆《マス》のための服。オートクチュール協会の全メンバーに逆らって――そしてもちろんエルメスやヴィトンの老舗ブランドに逆らって――シャネルはそれを肯定した。貴族の家名などまったく縁のないこのモダンガールにとって、権威の衣裳など嫌悪の対象でしかない。マスの一人に生まれ、その自分に似合う服をつくりだしたシャネルは、それまでの老舗ブランドが後生大事にしつづけたあの「伝統と魂」をラディカルに覆したのだ。

実際シャネルの企ては、ウジェニー皇后はじめ特権階級の貴婦人たちが身にまとっていたあのきらびやかな儀礼の衣裳を一掃することだった。第一次大戦を機に避暑地ドーヴィルに疎開してきた貴婦人たちの装いを、シャネルは毒ある言葉でこう評している。「一九一四年といえばまだ一九世紀の名残をひきずっていて、つまりは第二帝政と同じだった」「女はもっぱら財力と階級を誇示するための道具にすぎず、レースやらセーブルやらチンチラのような高価な素材に埋もれて窒息しそうだった」(『シャネルのアリュール』)

あのルイ・ヴィトンがうやうやしく木箱に梱包していた貴婦人の衣裳、それこそシャネルが一掃しようとしたものである。シャネルがここで断ち切ったもの、それはあれこれの個々の衣裳というより、もっとラディカルに、第二帝政に誕生した老舗ブランドの根源《ルーツ》にかかわるものだ。聞き書きのシャネル伝『シャネルのアリュール』をのこした作家のポール・モランはシャネルを「皆殺しの天使」と呼んだが、このテロリストは金ピカの貴族ファッションをモードの舞台から一掃した。

シャネルのこのモード革命が生みだした服装は、シンプルにこう言い表すことができる。つまりそれは女が自分で着られる服、なのである。なぜなら第二帝政の貴婦人たちのドレスは召使に着せてもらうものであって、「着付け」のいる衣裳だったからだ。ふたたびシャネルの批評。

それまでは、何もすることがなくて暇のある女たちや、侍女に靴下をはかせてもらうような女たちが服をつくらせていたわ。だけどわたしの客になった女たちは活動的な人たちだった。活動的な女には楽な服が必要なのよ。袖をまくりあげられるようでなきゃダメ。

財力や地位の表現である美々しい衣裳は女を人形のような飾り物にしていた。その華美な衣裳を抹殺するために、シャネルはジャージーという貧しい素材をあえて使って、豪華な生地を時代遅れにしてしまった。スカートを短くして、女たちを拘束から解き放った。「当時のクチュリエの憤激をよそに、わたしはスカートをばっさりと裁ち切った」

このシャネルをもって初めて、女の身体は活動的になり、虚飾の衣裳から解放される。動きが楽なセーター、手が自由になるショルダーバッグ、そして何より活動的なパンツ……シャネルのデザインした服はすべて「実用的」にできている。まさしくフォードが大衆のための実用車であったのと同様に。

偽物が本物を価値化する

ストリートを行きかう普通の女たちに似合う服。シャネルがつくろうとしたものは、これまたシャネルの衣裳哲学を借りれば「誰にでも似合う服」だった。要するにシャネルはフライドポテトのための服をつくりだしたのだ。都市に生きる無名の大衆のための服を。「フランス人はマスのセンスに欠けている。(……)女はみな同じであってこそ、一人一人が個性を発揮する」とは、まさにアメリカに「ウイ」を言ったシャネルならではの衣裳哲学である。

つまり彼女にはよくわかっていたのだ。よく似たようなドレスが街にあふれてこそ、オートクチュールのドレスが夢のオーラを放つことを。「贅沢《ラグジュアリー》」は狭い世界にとどまるけれど、安物や偽物といった分身たちが氾濫していればこそ、本物はその真価を発揮する。コピーの存在は本物の価値をせりあげるのである。

そう、偽物は本物を価値化する。「誰も真似したがらない服なんて最初から魅力のない服なのよ」。こう言ってはばからなかったシャネルは、「コピー主義」であったといっても過言ではない。

実際、マスのための服には量が要る。オートクチュール協会のなかでただひとり孤立しながら、シャネルは既製服の量産を放任した。

ところで、ここでいう既製服とは、具体的にはアメリカで製造されていた安物ないし偽物のことである。一九二〇年代のアメリカにはすでに既製服産業が発達していた。この二〇年代、全米で働く女性の数は増加の一途をたどり、キャリアウーマンたちは「それを着て働ける」活動的な服を欲しがっていた。シャネルのファッション・コンセプトは見事にそれに応えたのだ。といっても本物をオーダーできるのはまさに一部の有閑階級にすぎない。だから答えは簡単だった。「シャネル型」のデザインであれば、コピーの安物で十分だったのである。

そうしてアメリカに氾濫した安物のシャネルのすべてが必ずしも違法なコピーだったわけではない。アメリカのバイヤーたちはコレクションごとに大西洋を渡ってパリにモデルを買いにやって来た。いまだ飛行機が実用化される以前、海を渡る豪華客船はバイヤーたちをル・アーブルの港に運んだ。港に着くと、かれらはパリのメゾンに直行する。トワレと呼ばれる型紙を買い求めるためだ。帰国したかれらは、そのトワレから大量の既製服の製造にかかる。もちろんブランドの名をつけて。まったく、アメリカ人は「ブランドが大好き」なのである。

それらの大量生産に、シャネルは少しもクレームをつけなかった。これこそ、シャネルをルイ・ヴィトンやエルメスからわけへだてる最大の相違点である。後者を「本物主義」と呼ぶとすれば、シャネルは「偽物主義」なのだ。実際、ポール・モランにむかって彼女は語っている。「私は同業者のクチュリエたちにこう言ってやったわ。外国人は私たちの服を勝手にコピーできるだろうか？　ええ、できる。かれらはコピーしているだろうか？　ええ、している。だから、ドレスに特許をとったりするのは無駄よ」

シャネルにしてみれば、コピーされるということは、そのデザインにたいする「愛と称賛」の証しなのである。どうしてその称賛を取り締る必要があるというのだろう。コピー商品は広く世界にシャネルの名を流通させる。それがどんな宣伝効果をもたらすことか。

シャネルはどのブランドよりも先に「有名性《セレブリティ》」の威力を知っていたのだ。

マス・マーケット

時代がシャネルに味方していた。二〇世紀の風は、ヨーロッパの狭い社交界を置き去りにして、マスの方、アメリカの方にむかって吹いていた。その世紀の風に乗ってシャネルのデザインは大量にコピーされ、彼女の名は全米に馳せた。とりわけシャネルの名を高めたのは何といっても香水「ナンバー5」である。大戦後、アメリカの兵士たちがカンボン通りに列をなし、祖国へのみやげに「シャネル・ナンバー5」を買い求めた事実は歴史上に名高い。すでにその十年以上も前からナンバー5は売上げ世界一の香水だった。アメリカ人にとってシャネルは夢の名であった。『マリ・クレール』の編集長を務めたジャーナリスト、ヘードリッヒのシャネル伝『ココ・シャネルの秘密』は、アメリカにおける「シャネルの工業化」を次のように語っている。

アメリカではすでに服飾産業というものが存在していた。それは三番街に居をかまえていた。かつてのフォードの自動車と同じことだ。一九二〇年のデトロイトさながら、流れ作業でできる服をつくり、とにかく着られるものをつくっていた(先々代のフォードの車がとにかく道を走ったのと同様に)。しかしこれではエレガンスはどうなるのか？　女性という車体は？　まさにここでシャネルの名がものをいってくれるはずなのだ。シャネルの文字があれば、洋服の大量生産も高級品になるだろう。

シャネルは事態を知りつつ放任していた。エミール・エルメスが断じて容認しなかった量産を、彼女は平然と肯定していたのである。

実際、シャネルのつくった服は、「リトル・ブラック・ドレス」と呼びならわされてシャネル社のイコンの一つとなっているが、コピーされるためにあるといってもいいようなシンプルなデザインである。ワースのデザインしたウジェニー皇后のドレスは決してコピーなどできはしない。シャネルの言うとおり、「コピーされないドレスがあるとすれば、それはサロンのドレス」である。そのサロンのドレスを、シャネルは流行遅れにした。

するとシャネルはアメリカで量産される「シャネル」を本心から良いと思っていたのだろうか？　もちろん、答えはノンだ。そう思うにはあまりにシャネルはフランス人である。ヘードリッヒにむかって彼女は本心を語っている。「私にとって、贅沢というのは、しっかりして五年も着られるような仕立ての良い服をもつことよ。古い服、使いこまれた物、それが私の夢。アメリカでは何でも捨てる。しっかりしたものなど何一つない。洗濯しないし、洗濯にだしもしない。いちどクリーニングにだしてみたら、ボタンが一つしか残っていなかった。まさにアメリカ、贅沢の反対。チープ。ぞっとするわ」

シャネルの個人的な「好み」はこのとおりである。だが、ビジネスとなれば話はまた別。シャネルの先駆性はポワレの後をついでアメリカという広大なブランド市場にターゲットを定め、狙いどおりにアメリカを征服したことである。

シャネル・ライセンス？

実際、シャネルが戦後の長いブランクを破ってパリにカムバックしたとき、彼女を支持したのはアメリカだった。

折しもパリでは細いウェストで女らしさを強調したディオールのデザインが「ニュールック」と呼ばれて喝采を浴び、シャネルは「時代遅れ」の烙印を押されそうになっていた。ところがアメリカでそのシャネル・スーツが勢いよく売れ始めたのである。

この試練の時、シャネルはアメリカ市場のパワーをひそかに勝算にいれていたにちがいない。それをうかがわせる手紙が残されている。一九五三年、隠遁先のスイスからパリにもどってメゾンを再開した年、ニューヨークの友人、『ハーパース・バザー』の編集長を務めるカーメル・スノウにあてた一通である。

親愛なるカーメル
夏の間に考えた末、もういちど仕事に復帰するのも面白いかもしれないと決心しました。まったく仕事は私の全生命です。（……）
現代のパリの雰囲気はちぐはぐなことになっていて、服を買う金がないのにコレクションを観にやってくるひとたちの数が日増しに増えています。そこで私はこれまでとはまったくちがうことをやってみようかと考えました。私の主な目的は、いうまでもなくアメリカのメーカーの仲介をとおして量産を始めることです。ロイヤリティによる支払いをベースにして。私のやろうとすることが世界中にセンセーションを巻き起こすことは承知の上です。

シャネルにはライセンス・ブランドの構想があったのである。実現はしなかった。だがそのコンセプトの早さが群を抜いている。アメリカならぬ日本でライセンス・ブランドが始まったのが一九五五年。その二年前にすでにシャネルにはコンセプトがあったのだ。しかも、そうして日本で実現したのがシャネルの敵手ディオールのライセンスだったという事実もまたモードの世界情勢を見渡せて興味深い。はるか日本にまで名を馳せていたディオールの勢いこそ、シャネルにカムバックを決意させた当のものだったのだから。

かつて香水ナンバー5の販売権を他人に譲渡して苦い経験をなめていたシャネルはロイヤリティのシステムを学んでいた。しかし結果としてシャネルのライセンス・ビジネスが実現しなかったという事実もまたこのモードの革命児の幸運というべきだろうか。実現をみなかったおかげで、シャネルは希少なラグジュアリー・ブランドの香気を保ち続けているからだ。

ともあれ、ここで確認しておくべきこと、それはシャネルがまさしく「モード界のフォード」であったということだ。モダンなラグジュアリー・ブランドはマス・マーケットを相手にして誕生をみるのである。

フォードがそれまで貴族の玩具だった高級車を流れ作業によってコストダウンして「大衆車」を実現したのと同じように、シャネルは「侍女に靴下をはかせてもらうような」貴婦人のドレスを一掃して、のびのびとストリートを闊歩できる服をつくった。貴族のいないマスの国アメリカ、それこそ格好のブランド市場だということをシャネルは計算していた。

ちなみに、「どうして日本人はこれほどブランドが好きなのか」という言葉をよく耳にする。そして、たいていそうした質問は、日本の前にアメリカがあったという事実を考慮の外においている。だが現在でもアメリカ人のブランド好きは日本人に劣らない。ブランドの文化史は時に下手な「国民性」の分析より多くのものをわたしたちに教えてくれる。

3 「モード、それは私だ」

もうひとつの「起源」の物語

大衆《マス》はブランドを愛好する。現代ブランドの「魂」は、伝統からではなく、マスの魂から生まれてくる。

自分がマスの一人として生まれたシャネルは、自分の服がストリートで生きるのを心底よろこんだ。晩年のシャネルと多くの時間を共にしたリルー・マルカンのシャネル伝『カンボン通りのシャネル』によくそれを伝える一節がある。

ある時、私たちがサン＝ジェルマン＝アン＝レーの市場の近くを車で通っていると、行商人がこう叫んでいた。

「さぁ、メ・プチ・シャネルを買った、買った。メ・プチ・シャネルはたったの百フランだよ！」

シャネルは運転手に車を止めさせ、その行商人にキスすると、勝ち誇ったような顔をして戻ってきた。

「ほらね。私の人生は成功だったのよ、私の服がなにしろ百フランで買えるんだから」

安物の氾濫にたいして「意匠権」を擁護しようとする他のブランドとは逆に、シャネルはストリートの力を信じていた。「ストリートはサロンなんかよりよほど面白い」とはまさに彼女らしい名言である。それにしても、いかに時代の風とはいえ、こうした「ストリートの魂」を、いったいどこでシャネルは身につけたのだろうか。モード界のフォードの「起源」はいったいどこに由来するのか。

答えは一つ——生まれながらに。

事実、シャネルは今風に言えばストリート・チルドレンであった。父親の素性さえ定かでない。シャネルが神秘の伝説につつまれているのは、この生まれ育ち《オリジン》に多くを負っている。

シャネルの生涯をたどるのは本書の課題ではないが、これまでみたとおり、伝説になることがブランドの条件であるとすれば、まさしくシャネル・ブランドはシャネルという一人の女の伝説の商品化によって成立している。この章の冒頭でふれたパンフの言葉をもういちど想起しよう。

――ひとりの女、一つの名、一つの伝説。

デザイナー・ブランドの起源に、ひとりの女の神話化が存在している。ルイ・ヴィトンの起源に、ナポレオン三世がおり、ウジェニー皇后がいたのと同様に。

ただし二つの起源のあいだには、天と地ほどのひらきがある。由緒ある皇族の高貴な名どころか、ガブリエル・シャネルはパリを遠くはなれた寒村に生まれおちた。父親は住所不定の行商人。幼いシャネルはその父親に捨てられた孤児だった。そして、孤児というこの自分の出自《オリジン》こそ、シャネルが生涯にわたって誰にも言いたがらなかった秘密である。父に捨てられた娘はリムーザン地方の修道院の孤児院で少女時代を過ごした。その少女時代がどんなものだったのか、修道院の厚い壁にへだてられて、中は誰にものぞけない。

孤児院という語を、シャネルは決して口にしなかったという。父親がどんな男だったのか、ほかに兄弟姉妹がいたのか、自分の出自《オリジン》についてシャネルは口を閉ざして語らない。でなければ、さまざまな粉飾をほどこして嘘をつく。たとえば父親はアメリカに行ったことになっていたし、孤児院ではなく叔母にひきとられて育てられたことにもなっていた……。

とにかくシャネルの生涯はいまだに謎の部分が多い。だからこそココ・シャネルの生涯は

——ついでながらココというのはムーランで歌手をしていたときのニックネームで本名はガブリエルだが——神秘のヴェールにつつまれて、いまなお数々の伝説を生みだしてやまないのである。

成功してからのシャネルは、もちろん自分の「伝説」を心得ていた。モランにむかって彼女は自分の出自をこんな韜晦をまじえて語っている。「人間、誰しも伝説があるわ。馬鹿げた伝説もあれば夢のような伝説もある。私の伝説ときたら、パリジャンから田舎の人から、馬鹿者も芸術家も詩人も社交人士も、みなでよってたかってこしらえあげたものよ。諸説いりくんでいて、簡単かと思ったら複雑で、何が何だかわからなくなってしまう」

起業家シャネル

自分で言うとおり、シャネルの伝説は「諸説いりくんで」いて、真相は今もさだかでない。けれども、ここで本書のテーマにとって大切なことは次の二点である。一つは、ヴィトンやエルメスといった老舗ブランドとは逆に、その生まれのおかげでシャネルがまったくの「しろうと」として業界に入ったということ。ヴィトンにしろエルメスにしろ、何代も続いた「血統書」つきの業者である。ところがシャネルにはまさにその血統書がなく、ワースやポワレのようにオートクチュール業界での修業時代もない。だからこそシャネルは業界の伝統に一切とらわれることなく、大胆な刷新をやってのけることができたのだ。

いったい、この私に、モードの革命をやろうなんて意識があっただろうか。全然なかった。一つの世界が終わって、もう一つの世界がやって来ようとしていた。私はちょうどその変わり目にいた。チャンスがあたえられて、私はそれをつかんだ。私はこの新しい世紀に属していた、だからこそそれを服装に表現する仕事にあずかったのよ。

ヴィトンやエルメスになくてシャネルにあるもの、それはこの言葉にみられるような「しろうとの強み」である。シャネルこそは二〇世紀の生んだ最大の起業家の一人、いわばファッション界のビル・ゲイツであった。

この起業家の第二の強み、それはコピー問題で述べたことに密接に関連しているが、オリジナリティにこだわらないということである。「モードは芸術ではない、仕事だ」とはシャネルがよく口にしたせりふだが、サロンよりストリートを愛した彼女は芸術の独創性などに興味がなかったのである。ふたたび彼女自身に語らせよう。

クチュリエの役目なんてたいしたものじゃなくて、時代にただよっているものを素早くキャッチするアートだとしたら、いつか他人も同じようなことをするでしょうね。私がパリの街のそこここにただようものにインスピレーションをうけたのと同じこと。別の人間が私の真似をして同じようなことをしたとしても不思議じゃないわ。

そうよ、いったん見出されてしまえば、創造なんて無名のなかに消えてゆくものよ。

ライフスタイルを売る

パリの街に吹きぬける新世紀の風を逸早くとらえたモダンガールは、業界のしきたりと手を結ぶのではなく、同時代に生きる女たちと手をたずさえていた。シャネルは新しい時代にむかって踏み出した女たちの先頭に立っていた。彼女はその新しいライフスタイルを服装表現にもたらしたのである。無駄のない実用性、それが彼女のスローガンだった。自由な空気を求めていたアクティブな女たちは、シャネルの提起したスタイルを、そのライフスタイルと共にまるごと歓迎した。裾にまとわりつくようなロングドレスはもはや活動の邪魔でしかない。

絹に代えてジャージーという粗末な素材をもってきたシャネルは金のかかった無駄な装飾を一掃した実用主義者である。ちゃんと手の入るポケットに始まって、後に伝説のイコンとなるファッション・アイテムの数々はすべて実用性からなっている。たとえばその一つであるバイカラーのパンプスは爪先の汚れを目立たせないためのデザインであり、バッグのキルティングは革の痛みを目立たせないようにするためのアイディア、ショルダーは手を自由にするためのデザインである。

特権階級の虚飾を否定するマスのためのモードは広く時代にうけいれられた。時代の風がマスの方向にむいていたのだ。貴族的な遊惰をきっぱりと否定して、働く女のためのモードをつくりだしたシャネルは、家庭の外で颯爽と働くその生きかたのスタイルによって多くの女たちの共感を呼んだ。シャネルと共にモードは豪華さから若々しさへとシフトを変える。

実際、若々しいシャネルは世界的な時代の寵児だった。未曾有の繁栄に酔うアメリカをはじめ、二〇年代は世界中で「若さ」が特権的な地位についた時代である。「若さ」が時代の花形になるのはようやく二〇世紀のこと、若い女が魅力的なのは当り前だと思う感覚は「自然」なものではなく文化の産物であり、世紀末の世界では「成熟」こそ女性の魅力の源泉であった。

当時のメディアを見渡せば事態は明瞭で、世紀末に創刊された『ヴォーグ』のグラビアを飾るのは名家の奥方や成熟した女の魅力をたたえた舞台女優たちである。事態は日本でもかわらず、明治三〇年代に創刊ラッシュをむかえた女性誌を見ても、華族の夫人の肖像写真がグラビアを飾っている。

ところが、時代が下って二〇年代に入ってくると、風俗革命が立ち起こってくる。日本でいえば大正時代であり、谷崎潤一郎の『痴人の愛』のヒロインがその先端的な表現だといえばわかりやすいだろうか。ダンスに興じ、異性と放恣な交際にふけるナオミはモダンガール、いやより正確にいえば「フラッパー」である。フラッパーの本場はアメリカ。ハイウェイを車が走り、ハリウッド映画がはやり、女たちは化粧をしてダンスに行き、短いスカートをはいてできるだけ若くみせようとした。「若さ」は時の流行《モード》だったのである。しかもその流行は全世界に及んだ。豪華客船の時代に続いてリンドバーグの飛行機が大西洋を渡る二〇年代、地球は狭くなっていた。

フランスでこの流行に火をつけたのは一冊のベストセラー、『ギャルソンヌ』である。自由な結婚をしたヒロインはやがて自分の意思で夫と離婚し、自立への道を歩み始める……まるで、ココ・シャネルのように。

「流行したもの、それは私よ」

実際、シャネルこそはギャルソンヌ、この「若さの時代」のトップランナーだった。こんなエピソードが残っている。「あるとき、エレーヌ・モランが言った。「歳とった女のための服をつくって欲しいわ」。私はこう答えた。「歳とった女なんてもういないのよ」」

アメリカではフラッパー、フランスではギャルソンヌ、日本ではモダンガールと呼ばれた一連の新風俗には、若さを強調する一つのモードが共通している。それは断髪、すなわちショートカットである。シャネルはその先端にたっていた。

一九一七年、私はふさふさとした長い髪を切った。はじめは少しずつカットしていたけれど、最後は思い切ってショートにした。

「なぜショートになさったの」

「邪魔だからよ」

いかにも「皆殺しの天使」にふさわしい言葉だが、さらに驚くべきは、晩年のシャネルが当時をふりかえってはいたせりふである。自分の出自を語りたがらないシャネルはメディアにたいして気難しかったが、彼女に気にいられたジャーナリストが遂にシャネルをテレビ・インタビューにひっぱりだした。ときにシャネル八五歳。亡くなる二年前である。

そのインタビューからショートカットをめぐるやりとりを引用しよう。ブランドの本質にかかわる一節が盛りこまれているからだ。ジャーナリストの問いかけに、たたみかけるようなシャネルの答え。


――あなたは髪を切らせて、最初の革命を起こしましたね。

――ちがうわ。私は自分で髪を切ったのよ。

――他の女性たちはあなたの真似をしました。

――彼女たちが私の真似をしたのは、私が素敵に見えたからよ。もし時代のなかで何かはやったものがあったとしたら、それはショートカットじゃないわ。流行したもの、それは私よ。


「流行したもの、それは私よ」――この部分のフランス語を直訳すると、シャネルのすごみが伝わってくる。すなわち、「モード、それは私だった」。

自分の名を不滅の伝説にした女王の貫禄が伝わってくる。かつてルイ十四世は言ったものだった。「国家、それは私だ」と。シャネルは言う、「モード、それは私だ」。一代で自分の名を世界に冠たる象徴資本にした実業家ならではのせりふである。全盛期、シャネル社の従業員は四千人以上を数えた。その繁栄ぶりは、「シャネル帝国」の名にいかにもふさわしい。

都市のブランド力

シャネル帝国の背景にあったもの、それはパリという都市の文化的支配力である。絶対王政に君臨した国王とモード界に君臨した女王と、二人が同じようなせりふをはいたのは偶然ではない。いずれにあっても背後にあるのはフランスの国力である。ルイ十四世が君臨したヴェルサイユ宮殿はヨーロッパのすべての宮廷の範となって世界に覇を唱えた。他方、シャネルの時代のパリは文字どおり世界の芸術文化の中心だった。一九〇〇年パリ万博の観客数一つとってみてもそれは明らかで、延べ観客動員数五千万人弱というその賑わいは空前のもの。万博史上一位に輝く一九七〇年大阪万博の六千万人強と比較しても、当時のパリの都市力のほどがうかがえよう。まさしくパリという都市はそれじたいが世界のブランドであった。

ブランドは都市神話と切り離すことができない。ドルが通貨機軸となってアメリカが世界の

「帝国」になる以前、パリは歴史の空に輝く特権的な都市として世界中の才能をひきよせた。ディアギレフ率いるロシア・バレエの絢爛たる舞踏がセンセーションをひきおこしたのも舞台がパリならばこそ。舞台芸術からモードまで、「メイド・イン・パリ」はマジカルな夢の力を放って人びとを魅了した。シャネルはこのパリのブランド力をバックにして言い放ったのである。「モード、それは私だ」と。

それゆえ、ここでモードという語は最大限に広義にとって理解されるべきだろう。シャネルは世界の文化の中心地パリに君臨しつつ、パリ発信の芸術文化の庇護者でもあったのだから。綺羅星のような才能が彼女を取り囲んでいた。ディアギレフ一座のバレエ公演の資金援助をしたのもシャネルなら、独創的な才気で時代の寵児だった詩人ジャン・コクトーと親しく交わり、彼が愛した天才少年ラディゲの面倒をみたのもまたシャネルである。

シャネルが二〇世紀ブランドの先駆であるのは、このように各界の流行児たちと親交を結んだ生きかたにも表れている。たとえばルイ・ヴィトンがトランク商というその道一筋の伝統を守り続けたメゾン・ブランドの典型であるとすれば、シャネルは多領域にまたがってその名を表すデザイナー・ブランドの先駆である。

実際、現代ますます盛んな勢いをみせているモードとアートの「コラボレーション」はシャネルの当初からのスタイルである。このスタイルも初発はポール・ポワレだが、シャネルのコラボレーションは相手がほとんど時代の花形ぞろいだ。たとえばオペレッタ『青列車』もその典型の一つだろう。一九二二年に開通したロンドンとリヴィエラ海岸を結ぶ豪華リゾート列車の登場を機につくられたこのオペレッタ式ダンスは、演出ディアギレフ、台本ジャン・コクトー、舞台衣裳はシャネル、プログラムのデッサンと緞帳の絵はピカソという豪奢な顔ぶれだ。メンバー全員が時代の寵児だった。

パリという都市はこれだけの才能を一つに集めるだけの力があった。そのパリの流行の先端をゆくシャネルは、確かに存在そのものが世界のモードを体現していた。モーリス・サックスの回想録は的確にシャネルの肖像を描いている。

——シャネルの影響力はデザイナーという仕事の領域をはるかに超えていた。シャネルの名は、政界や文学界で名士の名が記憶に刻みこまれるのと同じ仕方で人びとの心に刻みこまれた。（……）彼女のキャラクターのすべてが、視える力と視えない力のきらめきを放っているかのようだった。全パリが彼女に従うかにみえた。

——パリのありとあらゆる家で、全ヨーロッパで、全アメリカで、シャネルの名が口にのぼった。彼女の名声は世界に馳せていた。

（『屋根の上の牡牛の時代』）

シャネルは世界の「モード」そのものだったのである。

それにしても、一度聞いたら忘れがたいシャネルのせりふは、シャネル・ブランドの本質を――そしてそれをとおしてデザイナー・ブランドの本質を――ものの見事にいいあてている。何度も繰り返していうが、シャネル・ブランドは、ひとえに創立者シャネルの神話化によってたっているのだから。伝統も家柄も財力もなく、たったひとりで「無からの創造」を成し遂げたこの起業家は、自分を「生きた伝説」にしたのである。

メディアに語らせる

ブランド伝説をつくりあげるもの、それはメディアである。

晩年のシャネルは自分の伝説について、したたかな確信犯であった。名声が即ビジネスであり象徴資本であることをよく心得ていた。ルイ・ヴィトンがおのれの家系を誇り、エルメスがクラフトマンシップを神話化したのと同じように、シャネルは自分の名声がメゾンに夢のオーラをあたえていることを十分に知っていた。

そして、ここでもシャネルは新世紀の動きを味方につけている。名声を支えるのはもはや皇室の御墨付でも貴族の社交界の口コミでもなく、メディアだからだ。マスの世紀はまさしくマスメディアの世紀、メディアが有名人《セレブ》をつくりだしてゆく。エルメスがモナコ王妃となった女優グレース・ケリーの名をとって、製品に「ケリー・バッグ」の名をつけたのが一九五六年のこと。スターの名はバッグの売れ行きに勢いをつけた。

権威はいまや皇室という起源をはなれ、メディアという匿名権力に座を譲る。エルメスはスターの名を利用したが、シャネルは自分自身をスターにした。一九三〇年代のこと、百万部という破格の発行部数で創刊された『マリ・クレール』のジャーナリストにむかって彼女はこう語ったという。

「シャネルのお客は、『ヴォーグ』とか『ハーパース・バザー』とかいったラグジュアリーなモード雑誌を見ているでしょ。だからそういった雑誌が私たちの宣伝をしてくれているのよ。発行部数の多い、ポピュラーな雑誌なら、なおさらいいじゃないの。そういった雑誌が私たちの伝説をつくってくれるのだから。お客はうちの店にやってくるとき、魔法の場の敷居をまたぐような気分になりたいのよ。通俗的な満足かもしれないけれど、それでも彼女たちはそれがうれしいのよ。この伝説のなかに自分も参加する特権をもったというわけね。彼女たちにとってそれはスーツを一着オーダーする以上のよろこびなんだから」

ココはこう結んだ。

「伝説とは名声が永遠のものになることよ」

（『ココ・シャネルの秘密』）

世界のセレブのスーツをつくり続けたココは、その客たちの誰にもまして自身が最高のセレブとなり、メディアにその伝説を語らせた。現代の全ラグジュアリー・ブランドが同じ戦略をとっているのはいうまでもないだろう。世界中の女性誌はいまなおシャネルのこの術策の手中にあるといってても過言ではない。

宝石商カルチエがロスチャイルド男爵邸の晩餐会で「うちでは御用商人は招待しません」と言われて辱めをうけたのはつい昨日のこと。シャネルと共に事態は逆転する。シャネルからコレクションへの招待状をもらえるかどうか、それが世界のセレブたちの切実な関心事になった。そのプラチナ・カードを手にできるのは、マレーネ・デートリッヒやグレタ・ガルボ級の大女優、『ヴォーグ』や『ハーパース・バザー』などトップレベルのモード雑誌の編集長たち……見慣れたファッション業界の光景が、シャネルと共に始まる。

こうしてメディアを使いこなしたシャネルは、写真というメディアも忘れなかった。その繁栄の絶頂期ともいえる一九三〇年代、シャネルはマン・レイをはじめ、セシル・ビートン、ホルスト・P・ホルスト、ホイニンゲン・ヒューンなど、当代きっての写真家を使って肖像写真を撮らせている。

一九世紀に生誕した写真というメディアもその頃一つの黄金時代を迎え、『ヴォーグ』の繁栄とともにモード写真が最盛期にあった。起業家シャネルは時代の先端メディアを率先して使いこなした。五〇歳を越しながらいまだ三〇代の美貌に輝くそれらの肖像写真は、シャネルの永遠のイコンとして流通している。なかでもマン・レイの作品は、「皆殺しの天使」シャネルのスピリットを見事に伝える肖像として今も広く世に出回っている(図19)。

こうして各種のメディアが伝えたシャネルの伝説は数え切れないが、なかでも名高い逸話を一つだけあげておこう。百年早いキャリアウーマンであったシャネルは結局生涯結婚をせずマドモワゼルと呼ばれ続けたが、英国の大貴族ウェストミンスター公爵のプロポーズはさしもの彼女にも結婚を考えさせた。すでにシャネルは四〇代。迷った末にシャネルは結婚を選ばなかった。そのときの彼女のせりふはまさに伝説として流布している。シャネルはこう言ったという。「ウェストミンスター公爵夫人は三人いるけれど、ココ・シャネルは一人しかいない」

いかにもモードの女王が言いそうなせりふではないか。本当に言ったのかどうか、真偽はどちらでもいい。メディアに語らせることが重要なのである。

図19　マン・レイによるシャネル．1935年．シャネルは本物と偽物のアクセサリーを故意に混ぜてつけて「本物主義」を愚弄した

「現在」という希少性

貴族からセレブへ——二〇世紀のこの動きにのったのはもちろんシャネルだけではない。ルイ・ヴィトンの「トランク名士録」を見ても、歴史の頁がめくられたさまが伝わってくる。トランク商ヴィトンが初のソフトバッグ、スティーマー・バッグを売り出したのが一九〇一年のこと。新商品とともに、顧客のリストもまた新世紀にふさわしいセレブたちに変わって

ゆく。メアリー・ピックフォードは『痴人の愛』のナオミのモデルになったともいわれるハリウッド・スター、ポール・モランは外交官にして新進気鋭の流行作家である。

さらに面白いのは、オートクチュールのクチュリエたちの多くがルイ・ヴィトンの顧客リストに名をつらねていることだ。筆頭はココ・シャネルその人である。彼女が特注したバッグ「アルマ」は近年「シャネル特注」というふれこみと共にリニューアルされてヒット商品の一つになった。そのシャネルをトップにして、ゲラン、ポワレ、マドレーヌ・ヴィオレ、ランバンと、当時の錚々たるクチュリエたちの名がヴィトンの顧客リストに並んでいる。

繰り返しになるが、デザイナーが顧客に匹敵するセレブになって社会の表舞台に登場したのはシャネルが初めてである。シャネルの時代と共に「起源のオーラ」はいまや王侯貴族の栄誉をはなれ、時の話題をさらってメディアに登場する「有名人《セレブ》」に移ってゆく。

このメディアの時制はいつも「現在」である。メディアのうわさ話は移り気で、昨日のことをすぐに忘れて新奇なものをもてはやす。永遠ほどメディアに縁のないものはない。メディアはモードの姉妹なのである。

メディアを利用したシャネルはもちろんモードに味方した。オリジナリティにこだわらなかったこのクチュリエは、流行の力を信じていた。モードは起源もなく現在にたち現れて、いつの間にか消えてゆく。そのつかの間のいのちこそモードの魂である。ストリート・ファッションを立ちあげた起業家シャネルはモードの魂を時の翼にのせてきらめかせた。名声を永遠のものにしたブランドは同時に「現在」を売らねばならない。

——一着のドレスは、魅力的な、つかの間の作品であって、不滅の芸術などではない。モードは死ななければならないし、それも早く死ぬ方が商売にはありがたい。

——モードというものは、はかなければはかないほど完全なのだ。はじめから無い命をどうして守ったりできるだろう。

自身の伝説は永遠に。しかし商品は現在のものを——この意味でシャネル・ブランドは二重底にできている。ルイ・ヴィトンやエルメスの商品とちがって、シャネルは商品がずばり洋服《モード》だから当然のちがいかもしれない。あるいはまたこういう言いかたもできるだろう。エルメスは職人生産という少量生産システムによって希少性の神話をうちたてたが、シャネルは「シーズン」という限定性をとおして希少性を売っている、と。メディアをとおして名声を永遠のものに高め、それでいて商品はシーズン毎に更新して希少性をキープする——ストリートから生まれたこのデザイナー・ブランドは一筋縄ではゆかないのである。

4　シャネルの偽物主義

「カラットじゃなくて、幻惑よ」

そして、シャネル・ブランドの二重底システムというなら、それを極めるものがイミテーション・ジュエリーだろう。ルイ・ヴィトンやエルメスのような老舗ブランドとシャネルという新興ブランドを決定的にわけへだてる分岐点として、シャネルの「偽物主義」はどれほど強調してもしすぎることはない。

シャネルが登場するまで、世の中にはいわゆるアクセサリーというものが存在していなかった。存在したのは、貴金属つまり「本物」の宝石だけだった。当然それを身につけるのは特権階級の金持ちに限られている。「皆殺しの天使」はこのような金ピカの宝石を唾棄した。「首のまわりに小切手をぶらさげるだなんて、シックじゃないわ」

シャネルはこの本物の宝石を愚弄するのに、マジカルな手法を使った。イミテーション・ジュエリーをつくりだして、その偽物と本物の貴金属を混ぜて身につけたのである。おかげで本物の貴金属は時代遅れになり、金持ちの貴婦人たちがわざわざシャネルの店に偽物を買いにきた。以来、イミテーション・ジュエリーもまたシャネル・ブランドの定番となっている。

シャネルのこの発明は、それまでのブランドの条件を根底から覆す破壊力をもっている。ルイ・ヴィトンやエルメスがコピー商品の取締りに今も莫大なコストをかけていることはすでに述べたとおり。ところがシャネルはコピーを容認したばかりか、積極的にイミテーションをつくりだしたのだ。「大切なのはカラットじゃなくて、幻惑よ」——これがシャネルのコンセプトであった。

シャネルが唾棄したもの、それは「金」のための宝石である。それらが仕えているのは幻惑の魅惑ではなく、地位や身分なのだ。それも、たいていは夫や愛人の。シャネルはそれらの「本物」を廃絶しようとした。廃絶というのは、先にひいたテレビのインタビューでシャネルが使っている言葉である。「イミテーション・ジュエリーをおつくりになりましたね」というインタビュアーの言葉をうけて、シャネルはこうきりかえす。「私がイミテーションをつくったのは、宝石を廃絶するためよ」。廃絶とは、たとえば核兵器廃絶というときに使うような強い言葉である。このラグジュアリー・ブランドの創始者は、それほどまでに「本物の宝石」を嫌悪した。ヴェブレンがいうあの「金銭的能力の証」となる「顕示的消費」、それこそシャネルの嫌悪の的であった。

私が好きじゃないのは、貴金属のための貴金属ね。何カラットもするダイヤモンドや大粒のダイヤモンドなんて、夫や愛人の富をひとにひけらかすための証拠品なのよ。私はまた宝石のための宝石というのも好きじゃない。ダイヤのブローチとか、いわく付きの真珠のネックレスとかいったものね。そういう宝石って、一晩ひとに見せるために宝石箱から取り出して、晩餐会がすんだらまた箱に仕舞っておくのよ。たいていどこかの会社のものだったりして。そういう宝石はみな「いざとなったら金に換えられる」宝石よ。そういうの、私、好きじゃない。

（『ココ・シャネルの秘密』）

シャネルのこの「偽物主義」にたいし、ヴィトンやエルメスはもちろん生え抜きの「本物主義」である。後者にとっては、本物からしか価値は生まれない。ところがシャネルは、その「本物」を輝かせるのは、偽物なのだということを知っていた。偽物は、本物を愚弄しつつ、かつ本物を価値化する。本物しか存在しないというのは、いわば鏡をもたない美女にひとしい。偽物という鏡に映しだされてこそ、本物は神秘のヴェールをまとったフェティッシュになる。

金ピカのファッションを唾棄した「皆殺しの天使」は、世界中にイミテーション・ジュエリーを流行らせて、本物の宝石を時代遅れなものにした。そして、それをとおして「本物主義」というブランド・コンセプトじたいを刷新したのである。

ネームとバリュー

ところで、そのイミテーション・ジュエリーはいったい幾らで売られたのだろうか？ 具体的な数値はつまびらかでない。たとえば名高い象牙のブレスレット。その象牙の素材費が幾らであり、そこにあしらわれたクリスタルの偽エメラルドが幾らなのか、実費はわからない。だが確かなこと、それは、シャネルのそのイミテーション・ジュエリーがとんでもなく高価だったということである。もちろん今もそれは変わらない。

たとえそれがガラスでできていようと、決してそれは「安物」であってはならない。なぜならその「偽物」の宝石は「本物」のシャネルだからである。

実際シャネルはここぞとばかりにイミテーション・ジュエリーに高値をつけた。そうでなければ、それはただの安物になるからである。本物のシャネルは必ずラグジュアリーな価格がついている。シャネルという伝説の女の「名の価格」が。

本書の問題設定にそって、事態をこう言いかえてもいいだろう。シャネルはそのブランドの起源を他の何にも負っていない。伝統も権威の御墨付も職人生産の神話もシャネルには縁がない。だから、シャネルに至って、価値の源泉はひとえにシャネルのネームのバリューに由来することになったのである。

ということは、あれほどコピーを肯定しながら、シャネルは「本物」のブランド価値をしっかりキープしていたということである。ここでもまたシャネル・ブランドは二重底にできている。ふたたびシャネル自身に語らせよう。

――まずはじめに立派なものがあれば、そこから出発して、シンプルなもの、実用的で、安いものへと降りてゆける。素晴らしく良くできた一着のドレスがあれば、そこから既製服ができる。だけど、その逆はなりたたない。ストリートへ降りてゆきながらモードは自然死を遂げるというのはそういうことよ。

――安物は高いものからしか生まれてこない。廉価品の生産が成立するためには、まずはじめに高級な仕立てがなければならない。質を足して量ができるわけじゃない。二つは本質がちがう。このことさえ理解されれば、そしてそれが感じられ、認められさえすれば、パリは大丈夫なのよ。

ここで、パリとはアメリカにたいするパリでもあるが、カンボン通りのシャネルの店のことでもある。シャネルは、自分の店でつくられるオートクチュールに絶大な自信があった。時には二〇回もの仮縫いを要する手縫いのスーツはまさに贅沢品そのものである。だからこそシャネルはどれほどコピーがでまわろうと平気だったのだ。

いや、それ以上だといわねばならない。コピーの氾濫はオリジナルを価値化する。安物と偽物が流通すればするほど、本物のシャネルはラグジュアリーな高級品になる——ルイ・ヴィトンからオートクチュールまで「本物主義」以外に考えられなかった当時、このコンセプトを理解したブランドは一つとしてなかった。シャネルはオートクチュール協会のなかで孤立しつづけ、一九五八年、カムバックの四年後には遂に協会を脱会している。この起業家は他人より半世紀早すぎたのである。

着物にはなぜブランドが存在しないのか

いささか唐突かもしれないが、シャネルに極まるモダン・ラグジュアリーのコンセプトは、着物にはなぜブランドが存在しないのか、その理由を教えてくれる。

シャネルはシャネルだから価値がある——ただのハンドバッグでも、そこにシャネルの名がつけばたちまち値段が途方もなく高くなる。この現象を支えているのは、「デザイナー・システム」である。価値を生みだすのは、デザイナーの名前(グリッフ)であって、製品の品質ではない。もちろん品質は必要条件だが、十分条件ではない。

日本の着物には長い職人生産の伝統がある。紬や友禅は、偽物がたくさんでまわる高級品であり、大量生産のきかない希少性もエルメスの場合と同じである。にもかかわらず、着物にブランドは存在しない。なぜだろうか。着物にはデザイナー・システムが存在していないからだ。友禅や紬は製品のクオリティと類別の名称であっても個々のデザイナーの名前ではない。だからそれは、ラグジュアリーな高級品であるにもかかわらずブランド品ではないのである。

ということはつまりブランドとは名の価値体系なのだ。バリューはネームから生じる。シャネルのデザインしたイミテーション・ジュエリーは、貴金属でもないのに高価な値段がつく。なぜか? それはシャネルだからだ。

先に引いた堺屋太一のブランド論は、このネーム・バリュー現象について、拳銃と刀の比較例をあげながら次のように語っている。

フォードが自動車部門で成立させた流れ作業の生産システムを拳銃生産の部門に適用して成功させたのが、米国の拳銃製作業者サミュエル・コルトだった。大量生産の規格品であるから、当然、製品には製作者の名前がついていない。ところが日本の刀には製作者の名前がついているものがある。

西部劇には拳銃使いの名手はたくさん出てくるが、「名拳銃」というのは出てこない。刀であれば刀匠が一本ずつ製造するから、虎徹とか正宗とか、作者の名を付けた名刀がある。西洋でも名剣、秘剣にまつわる説話は少なくない。

ところが、西部劇に名拳銃は出てこない。規格大量生産で、多くの人々が生産工程に関わってまったく同じものを多数造っていたから、とり立てて名品というのはなかったのだ。

（『ブランド大繁盛』）

わたしたちの問題意識にそって言えば、虎徹や正宗はブランドなのである。作者の名が、その価値をつくっているからだ。クラフトマンシップによる高品質はブランドの必要条件の一つだが、十分条件は固有名《ネーム》なのである。

ただし、その固有名は人名でないケースもある。たいていの場合は「地名」であることが多い。たとえば西陣織や大島紬は、西陣や大島という産地名が価値を形成している。この意味でいうなら、産地という固有名もまた広義のブランドというべきかもしれない。

わかりやすい例がワインだろう。ボルドーやブルゴーニュはワインの産地名だが、ワインの高品質をしめす指標として使われている。これもまた広義のブランドといってもまちがいではないだろう。日本なら「関」の刃物、ドイツなら「ゾーリンゲン」の刃物なども同様である。

ちなみに、これらの産地名もまた、偽物を生みだす。「本物の大島」といつわって偽の反物を売りつけたりする商法は、いつの世にも後を絶たない——というより、人名であれ産地名であれ、偽物がでまわるものはブランドの証明というべきだろうか。まことに偽物は本物を価値化するのである。

セレブとブランド

いずれにせよ、高品質という必要条件をベースにしつつ、「名」はその商品にマジカルな価値をあたえる。シャネル、ボルドー、フェラーリ、ティファニー、ローレックス、思いつくままにあげてみても、わたしたちの住む都市にはラグジュアリーな名が満ちあふれている。

それにしても、それらのネームの価値の依って立つ起源はいったいどこへいったのだろうか。ルイ・ヴィトンやエルメスに価値をあたえたあの起源の権威のオーラは？かつて贅沢は聖なるもの、呪術的なものとむすびついていた。天への捧げものは、高級品であるか否かを問わず、最良のものでなければならなかった。眼には見えないその天のオーラは世紀とともに世俗化の一途をたどり、ついに「有名性《オーラ》」というフラットな地平へとたどりついたのである。有名な名。セレブリティ。いまや権威はそこに宿っている。

そう、権威はいまやメディアという匿名権力に移行している。顔の見えないマスがつくりだす、無定形な、それでいて巨大なメディアの力。そのメディアが語らなければ、いかなる名声も存在しない。マスコミからネットの噂まで、ブランドのバリューはメディアの言説が語る伝説に依存している。

そして、メディアの時制は、モードの時制とおなじくつねに「現在」である。不滅の名声をたえず現在の時のざわめきのなかに響かせること――シャネル亡きあと、ディレクターとしてメゾンを仕切るカール・ラガーフェルドの才腕は、まさにこの永遠と現在の綱渡りの妙技にある。ＬＶＭＨしかり、敵方のグッチ・グループしかり。すべてのブランドは存続をかけて名の伝説を語り続ける……。

　こうしてわたしたちはふたたび「ブランドの現在」に向き合うことになる。

だが、その前に、もう一つ、みておきたい論点がある。

　自分が着たい服を一つのスタイルに高めてラグジュアリー・ブランドにしたてあげたシャネルはほとんど初めての女性デザイナーでもあった。もちろん厳密にいえば彼女が初発ではないが、トップ・ブランドにしぼっていえばまずまちがいではない。シャネルは女性のために女性のブランドを立ちあげた女性である。シャネルを支持し、シャネルを買った消費者はすべて女性客だ。女性であることとブランドは関係があるのだろうか。ラグジュアリー・ブランドにはジェンダーの境界線がひかれているのか？

　というより、端的にこう問いかけた方がよいだろう。そもそもブランドは女のものなのだろうか？　もしそうだとしたら、いったい、いつからそうなったのか？　こうしてわたしたちは、今いちど歴史にたちかえることになる。

4章

ブランドは女のものか

贅沢文明史にむけて

1　贅沢は男のものだった

パブリックな身体

女性誌をみてもわかるとおり、とにかく女性はブランドが好きである。デパートで同伴の女性のショピングを「待つ」男性の姿は、そのままブランド・ショッピングの光景にも再現されている。もっとも、近頃の若いカップルは仲良く連れ立ってショッピングをしているケースも少なくないが、そんななかでも目立つのは、パートナーの女性への「ギフト」ショッピングだ。カルチエやティファニーでよく眼にするシーンである。

もちろん卓越性の誇示という意味でのブランド消費なら、時計とクルマに始まって、愛用するレストランやホテルやクラブなど、男性の「エグゼクティブ」志向も広義のブランド消費にちがいないが、服からバッグからジュエリーまで、装いにちなむラグジュアリー・ブランド消費は圧倒的に女性が多数を占めている。ブランドは女のものという考えは常識だといってもまちがいではないだろう。

ところが、ここでも歴史は現代の「常識」を覆す。贅沢な消費が女の領分になったのは、たかだか一九世紀以降のことにすぎない。浪費が「金銭的能力の証」になったのはブルジョワジーの時代であり、貴族の時代には贅沢は男性の領分であった。

いや、さらに歴史を遡って考えるなら、未開の部族社会にあって、土地の最良のものを神々に捧げた部族の長はほとんど男性である。贅沢な浪費は族長の責務なのであった。

そして、その責務は、王族に受け継がれてゆく。そのピークを飾ったのが一七世紀のフランス絶対王政である。今日、ヴェルサイユといえばすぐに思い浮かぶのはマリー・アントワネットの贅沢ぶりだが、宮廷社会の栄華を極めたのは彼女以前にルイ十四世その人である。ヴェルサイユに君臨したこの太陽王は、宮廷に侍るどの貴婦人にもまして贅沢であり、「大消費者」であった。なかでもその衣裳は贅を極めていた。というのも、王の衣裳は身分を表す「衣冠装束」なのだから、他を圧して贅沢であることは威信にかかわる必要事であった。

具体的にルイ十四世の消費がどれほどのものであったのか、ゾンバルトの『恋愛と贅沢と資本主義』が書きとどめている。

一六八五年という任意の一年の宮廷の歳出記録をみると、狩猟費や廷臣のための費用とならんで、「銀器費」が群を抜いて高い。この銀器とは何かといえば、主に「王の化粧品、装飾品のたぐい」である。ルイ十四世はまことにおしゃれを尊び、膨大な出費をこれに割いた。たとえばハイヒールもそう。脚線美を誇りバレエを得意としたルイ王は、赤いヒールを全廷臣に履かせ、自分がいちばん高いヒールを履いた。脚線美と共にふさふさとした髪を誇ったルイ王は、晩年になると鬘をつくらせ、全廷臣に鬘を強要した。これらの贅沢はすべて法外な浪費であったことはいうまでもない。ヴェルサイユ宮廷の日々をふりかえるだに、贅沢なおしゃれは女のものという観念がいかに近代ブルジョワジーのものにすぎないかを思いしらされる。

ゾンバルトはまたこうも語っている。「王の宮殿の家具調度に見合って、これみよがしに着用される衣裳のきらびやかさもすばらしいものがあった。(……)ルイ十四世はみずから一四〇〇万フランの宝石がついた衣裳をまとった」。いかにも贅沢は男性のものであり、宝石も化粧品もヒールも貴紳のたしなむべき作法なのであった。

ここで大切なこと、それは、こうしたジェンダーの区別とならんで、その贅沢が「パブリック」なものであったという事実である。

ヴェルサイユの宮廷社会は劇場社会である。そこに伺候する紳士淑女はすべて、自分の衣裳や装身具が公の目にさらされていることをわきまえている。身体それじたいが私的なものではなく、公的なものであったのだ。「国家、それは私だ」――ルイ十四世のこの言葉は、宝石から髪型からヒールに至るまで、みずからの存在がすみずみまで政治的なものであるという認識を語っている。誰であれ宮廷にある身体はすべてパブリックな身体なのだ。ヴェルサイユの舞踏会で、踊ろうとしない貴婦人をたしなめた国王が、「マダム、踊られたい。われわれはすべてパブリックなのだから」と命じた話は有名である。

紳士の旅はラグジュアリー

世紀が下るとともに、宮廷社会のしきたりはやがて城門を越え、都市に広がってゆく。贅沢な身仕舞いは、王侯貴族だけでなく、僧侶、高官、そして大資本家にまで及ぶ。それでも一九世紀までなお贅沢は基本的に男のものである。地位を見せつけ、卓越性を誇示することが重要だったのだ。

こうした「贅沢の風景」が変化をみせるのは、一九世紀末、貴族の黄昏の時代からである。紳士にかわって貴婦人が、贅をこらしたおしゃれをするようになってゆく。贅沢が女の領分に移行してゆくのである。そしてわたしたちの世紀に至るのだが、ブランドは女のものという考えがいかに絶対的なものではないか、今いちど確認しておくためにベルエポックの「贅沢の風景」を見届けておこう。

一九一二年、ベルエポックのさなか、ちょうどシャネルがカンボン通りにメゾンを開業した年。「いまだ第二帝政と変わらぬ」贅沢に明け暮れていた有閑階級は、エルメスの高級馬具が似合うような無蓋馬車に乗り、オートクチュールのドレスを身につけて、これみよがしにブーローニュの森を流すのがはやっていた。馬車とならんで、新しがりやの青年貴族たちが高級自動車に凝り始めていた頃。パリ—ウィーン間の自動車レースでルノーが優勝したのは一九〇二年。その翌年には、自転車競走トゥール・ド・フランスが始まる。スポーツがハイライフの流行であった。

スポーツとならんで、高級リゾートもまた時代のトレンドだった。トーマス・マンのリゾート小説『ヴェニスに死す』が刊行されたのは、まさにこのベルエポックの一九一二年、シャネル開業の年である。

主人公の大学教授アッシェンバッハは大きなトランクに荷物をのせてヴェネチアに向かう。原作にはただトランクとあるだけだが、そのまま部屋に運ばせてワードローブのように使用している場面があるから、おそらくルイ・ヴィトンのトランクではないだろうか。果たせるかな、ヴィスコンティによって映画化された『ヴェニスに死す』ではルイ・ヴィトンが使われている。

まことにヴィトンはラグジュアリーな旅のトランクだった。それも、紳士のための。

贅沢が紳士のものであったという事実は、ヴィトンのトランクの歴史が雄弁に明かしている。一八八九年万博で名品「ワードローブ」が金メダルを獲得したことはすでに述べたが、同じようなコンセプトでヴィトンは「イデアル」という紳士用トランクを発売している(図20)。その収納力がすごい。一章で紹介した最新版『ルイ・ヴィトン』から引用しよう。

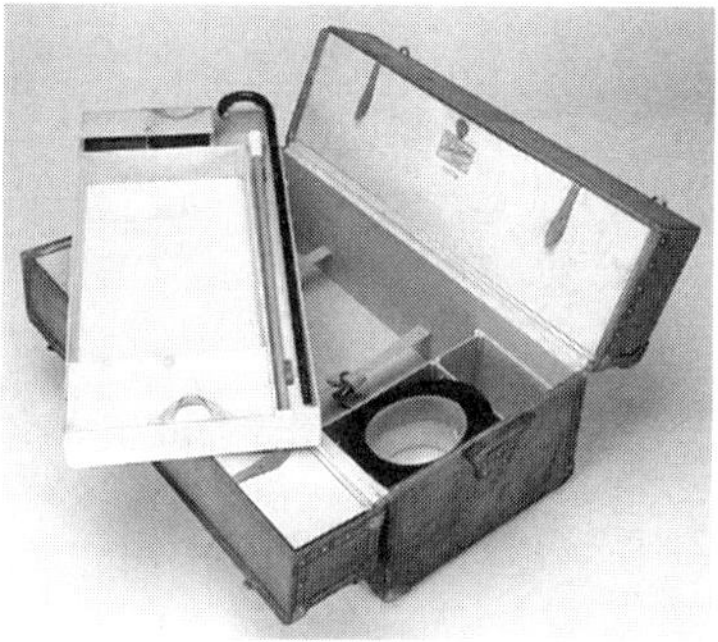

図20　紳士の身嗜み用品一式を納めるラグジュアリー・トランク「イデアル」

「エレガントな紳士のために、ルイ・ヴィトンはイデアルという名の中仕切り式トランクを創った。それは、五着のスーツ、一着のコート、一八枚のシャツ、下着、靴四足、帽子一つ、三本のステッキと一本の傘がきっちりと収納できるようになっている」

この収納力もさることながら、驚くべきはむしろ、当時の「エレガントな紳士」の旅にこれだけの携帯品が必要だったという事実だろう。リゾート地のホテルでのディナーで、ビーチで、紳士はこれだけのラグジュアリーな装いを必要としたのだ。

贅沢はなお男性の領域に立派に存在していたのである。

2　女性専科の時代へ

プライバシーの領域

とはいえ、二〇世紀初頭、もはや女性の装いは紳士以上に贅沢になっていた。同じ『ヴェニスに死す』のなかでシルバーナ・マンガーノ演じる貴婦人のドレスを見てもそれは明らかで、まさに「召使に着せてもらうような」華麗なコルセット・ファッションに身をつつんでいる。海辺でもパラソルに長手袋をはめ、派手な飾りのある帽子を身につけたその装いは、典型的な良家のマダムの盛装だ。

ブルジョワジーの時代の到来とともに、贅沢はしだいに女性の領分に移行を遂げたのである。ヴェブレンに従えば、女性のラグジュアリーな装いは伴侶たる男性の富の「代行的消費」の役割を担ったのだ。妻は、贅沢な装いで身を飾るだけでない。彼女自身の存在が家庭の「装飾品」なのであった。

ここで大切なこと、それは、こうした「贅沢の女性化」が「女性の家庭化」とともに起こったという事実である。女の本分は家庭にあるという観念が生まれ、性役割分担が発生する。「贅沢の女性化」はこの役割分担とともに誕生をみた。生産が男性の、消費が女性の領分となって、ジェンダーの境界線が引かれる。いまや贅沢は「家庭」の中にはいりこみ、貴族文化の時代のあのパブリックな晴れがましさを失う。

ブルジョワジーの時代とともにラグジュアリーはプライバシーの領域にあるもの、室内的《ドメスティック》なものと化したのである。ブルジョワジーの時代は「室内の時代」でもあった。女性は、自身を飾ることに熱心になると同時に、室内装飾にも同じ関心を抱く。ファッション雑誌とインテリア雑誌が同じ女性誌の範疇に入るのはここに起源をもっている。こうして「贅沢の女性化」は贅沢のプライベート化と室内化とともに進行した。この間の推移を指して、ゾンバルトは「女性が奢侈を家の中にひきずりこんだわけである」と語っている（図21）。

このような奢侈のプライベート化と

図21　ジェイムス・ティソ「リラの花束」1875年．ファッション画家とも呼ばれたティソの絵は，室内の中の室内ともいうべき「温室」に囲いこまれた女の衣裳を描いている

ともに重要な第二のポイント、それは贅沢の「即物化」である。「即物化」というのは、これもまたゾンバルトの表現だが、貴族的な贅沢がパブリックな性格を有し、供回りや召使といった「使用人」を使う贅沢が多かったのにたいし、女性の欲望は、衣裳や装身具や家など、もっぱら「もの」の消費にむけられる事実を指している。当り前のことを言うようだが、人間や労力の使役でなく、「もの」を消費するのがモダン・ラグジュアリーの際立った特性なのだ。「ものの消費」が女性の領分となったのである。

事態を簡潔にこういいかえてもいいだろう。近代とともに女性は「消費者」になったのだと。

デパートという「消費の楽園」

近代に生まれた女性の消費者といえば、まっさきに浮かんでくるのがデパートである。既製服の品揃えは紳士ものの方が多かったとはいえ、服地を筆頭に、寝具からナプキンにいたるまで家を飾る「布もの」はデパートの主力商品であり、手袋やスカーフ等のおしゃれ小物もまた欲望をそそる目玉商品、当然のように客層は男性ではなく女性であった(図22)。

ゾラのデパート小説『ボヌール・デ・ダム百貨店』はタイトルからして雄弁である。舞台となるデパートの名がずばりボヌール・デ・ダム、すなわち「ご婦人たちの幸福」である。ゾラの神話的描写は、ごったがえす女性客の欲望の熱気で燃え立つ店内光景をまるで生きもののように描きだす。

そこでは今や、陳列も、手袋とネクタイの宮殿も、リボンとレースの花綱も、ウールとキャラコの高く積み上げられた山も、軽い絹地やフーラールが咲き乱れる色鮮やかな花壇も、すべてが燃えていた。何枚もの鏡がきらめいていた。盾のような丸みを帯びたパラソルの展示は、金属的な光を反射していた。遠くの方には、忍び寄る影の向こうに、遠くかす

図22　絹からウール，レースまでデパートは「布もの」を主力商品にして誕生した．当然ながらターゲットは女性客だった

んで輝いている売場があり、金色の夕日を浴びた群集がうごめいていた。

そしてこの閉店前の時間、加熱した空気のただなかで、女性たちが君臨していた。彼女たちはデパートを襲撃し、侵入した部族が征服した土地にいるようにそこに野営し、散乱する商品のただなかに居座っていた。


女性はこの消費の楽園の「女王」であり、デパートは消費の「神殿」である。まさしく神殿は「世俗化」し、目もあやな商品の群舞となって、女性の欲望をあおりたててゆく。巧みなディスプレイから広告戦略、さらにはバーゲンの誘惑まで、ゾラが描いた消費の世界は今もそのまま生き続けているといってよいだろう。

「女は家庭に」という性役割分業とともにドメスティックな領域に囲いこまれた女たちは、消費の場面では女王気分にひたれたのであり、デパート産業は彼女たちの欲望を巧みに操って飛躍的な発展をとげてゆく。

主婦から娼婦まで

近代の性役割分業は、男性と女性を分断すると同時に、女たちのあいだにも「しろうと」と

「くろうと」という境界線を引いた。男が家庭の外に女を囲うという、いわゆる性のダブルスタンダードである。デパート産業が発展した第二帝政のパリは、娼婦の増大によって名高い時代でもあった。たとえばオッフェンバックの代表的オペラの一つ『ラ・ヴィ・パリジェンヌ』はこうした「娼婦のいるパリ」を面白おかしく描いた作品である。

それらの娼婦たちも、日銭を稼ぐ街娼から王侯貴族の囲われ者までさまざまなランクがあったが、なかでも一種のパリ名物ともいうべきものが、ドゥミ・モンデーヌと呼ばれた高級娼婦である。もっとも有名な例がオペラでも名高い『椿姫』だろう。運命の恋人に出会う以前、一見華やかな生活をおくる椿姫ことマルグリットはまさに「湯水のように」金をつかう。男から贈られる紙幣の束も紙屑同然、派手な宴の日々に消えてしまう。そうして男たちの財産を食いつぶすのが彼女ら高級娼婦の勲章であったのだ。

ゾラの『ナナ』もまたこうした娼婦のひとりである。浪費に明け暮れるナナは、政治家から銀行家まで、何人もの富豪の財産を食いものにしてのしあがってゆく。彼女の贅沢は、男に贈らせる宝石もさることながら、その豪壮な屋敷である。さる銀行家に建てさせた郊外の屋敷は一万坪という広さを誇り、苺畑までそろっていて気まぐれな田舎趣味を満足させる。かと思うと、別の伯爵に買わせた邸宅は、モンソー公園界隈という当時の一等地に建つ豪邸。館を飾る家具調度は、時代ものの長椅子から豪奢な食器棚、銀器、数々の高価な置物や敷物、壁掛け、花瓶など、すべてに贅を極め、娼婦の神殿ともいうべきベッドには「二万フランもするヴェネチアのレース」がかかっている。二万フランといえば現代に換算してざっと二千万円、すさまじい贅沢である。

バルザックの娼婦小説『娼婦の栄光と悲惨』もまた、こうした高級娼婦の桁はずれな贅沢を描いて名高い。美貌の娼婦エステルを囲う銀行家ニュシンゲンはモデルがロスチャイルド男爵であるだけに、その蕩尽もまたすさまじく、エステルの化粧代だけでも月に一万フラン(一千万円)にのぼり、贅美を極めた家具調度にくわえ、屋敷に飾る花代も桁はずれで、階段に飾る薔薇だけでも月に三千フラン(三百万円)を下らない。そうしてやってきたお披露目の日に男爵から贈られた真珠の首飾りは三万フラン(三千万円)……。

バルザックやゾラの描く高級娼婦たちの世界は、消費という語感を超えているが、創立期のオートクチュールの顧客になったのは、まさにこれらの高級娼婦たちだった。娼婦と貴婦人は時に同じメゾンでドレスを誂え、妍を競いあったのである。

それにしても彼女たちの贅沢ぶりは「家庭」というドメスティックな領域をはるかに超えた文化史の一頁をかたちづくっているが、対照的に、現代にもつながる女の消費を描いているのがフロベールの『ボヴァリー夫人』である。

パリから遠いルーアンの外れに嫁いだエマは、退屈な田舎の生活を疎んじて花の都パリに憧れる。地方に住む女たちにとってパリは夢のブランド都市であった。エマが愛読するモード雑誌はいやがうえにもパリへの憧れをかきたててやまない。小説というメディアも雑誌というメディアもそろってパリ・ブランドへの夢をかりたてる。夜な夜なそれらのメディアを読みふけるエマは、「最新のモードから一流洋装店の所番地、ブーローニュの森やオペラ座の社交日まで」そらんじて、かなわぬ夢を追う。

退屈な家庭の「外」の恋に焦がれる彼女は、恋の道具の衣裳に凝る。当時はデパートのない地方都市にも信用貸しの訪問販売があって、言葉巧みに時の流行を並べたてて女の消費欲望をあやつったのだ。心の空洞を埋めるように、一着また一着と、エマはドレスの信用買いを重ねてゆく。そうして訪れた支払い期限に追い詰められて遂にエマは毒をあおる……現代風に言うなら、『ボヴァリー夫人』はカード破産の物語、あるいは買物依存症の物語なのである。

エマの心に巣食った欲望のなにほどかは今なお現代の女のうちに生き続けているといってもいいだろう。もしこういって良ければ、消費欲望は文化的遺伝子となって女のうちに宿り、世紀から世紀へと生きのびているのである。

とげてゆく。

女性がつくるブランド

いずれにしても、ラグジュアリー・ブランドはこれらの女性たちをターゲットにして発展をとげてゆく。

こうして贅沢の歴史をふりかえってみると、エルメスやルイ・ヴィトンのとってきた戦略の巧みが改めて浮きぼりになってくる。馬具でなく革製品を主力商品にした新生エルメスの誕生は一九二〇年代。男性客から女性客へとターゲットを変更した戦略は、時代を読むエミールの商才の賜物である。馬具と共に無くなっていったのは男性客の存在そのものであったのだから。女性専科に転向することによってエルメスは今日の繁栄の基礎を築いたのだ。一九三〇年代から扱い始めたスカーフと香水も同じ意味でエルメスの成功にあずかっている。

ルイ・ヴィトンもまたこの動きに聡かった。シャネル、エルメスの二つに比べ、商品の女性特化がもっとも遅かったのがヴィトンだが、一九〇〇年代にはすでに今日のソフトバッグの先駆となるスティーマー・バッグを開発している。この売れ行きに着目して、五〇年代以降、次々とソフトバッグの開発に力を注いでゆく。

『ヴェニスに死す』の主人公がポーターに大きなハードトランクを運ばせた情景は次第にセ

ピアの色に染まり、あのモノグラム模様のシティバッグがルイ・ヴィトンの主力商品になってゆくプロセスは、女性たちがブランド消費者になってゆくプロセスにそのまま重なっている。

こうしてみると「贅沢の女性化」の歴史はまだ百年も経ていない。永遠の真実であるかに思われる「女とブランド」の蜜月は意外に短いのである。

それにしても、この蜜月は、いったいいつまで続くのだろうか。ブランド消費の主体が男性に代わるといわないまでも、「ブランドが女のためにある」日々に、いったいピリオドが打たれる日が来るのだろうか。消費の文化的遺伝子はジェンダーの壁を越えないのか？

少し別の面から問題を設定しなおしてみよう。

女性が家庭の中に閉じこめられて消費を担い、生産は男性が担うという性役割分業は家事の外部化と共になし崩し的に解体し、今や女性は生産の場にも積極的に姿を見せている。女は、ヴェブレンが百年前に見たような「男の装飾品」ではもはやない。

しかし、この間のプロセスが明らかにしたことは、かといって女性は男性化しなかったということである。キャリアとして働いていても、女はなおかつ女性性を保ちたいと願い、そうするための努力を惜しまない。仕事にも励むけれど、だからといって女性は消費の快楽も手放そうとはしない。「自分へのご褒美」とは、キャリアの女性がブランド品を買う折の決まり文句と化した感がある。

女は、家庭から解放されても消費の快楽を放棄したりはしなかったのだ。

それはいつまで続くのか?

ところが、ここから男女の関係が非対称になってゆくのだが、そのうえでなおかつ女性は、贅沢を――つまりブランド品を――自分で買うだけではなく、他人に買ってもらいたいと望んでもいる。

ここで言う他人とは、具体的にはたいてい両親であり、さらには「彼」である。そのとき多少とも性的な関心をもって、男女としてつきあっている相手の男性だ。わたしの友人の名せりふを思い出す。「ブランドっていったい何なんだろう?」そうつぶやいた私に、間髪を入れず彼女はこう言ってのけたのだ。「彼からもらうものよ!」

もちろんジョークだが、友人の言葉はわたしの虚をついた。ブランドをめぐる男女の非対称的な関係性に眼をひらかれたからである。

そう、逆はジョークでさえありえない。男が女からブランド品を贈られる事例は、その逆の事例に比して極端に少ない。男性も女性も対等に働いていても、「ギフト」のシーンには近代の固定的な性役割分業が復活してしまう。ティファニーのような宝飾品ブランドで眼にするシーンが、男女の役割を交代するのはたいそう想像しにくい……。

女性が男性と肩を並べて働く現在、男性が女性に高価な贈り物をするというのは、「時代錯誤であってやがて消滅すると決まったことなのだろうか」――そう問いかけているのはリポベッキーである。答えて彼は言う。「その根底に性愛の情熱があると考えた場合、この非対称性がなくなる確実性ははるかに弱くなる」と。

高価な贈り物に託して、男は女に愛の印をあたえたいのである。高価な「贈り物」は恋人への愛の象徴なのだ。そして、その逆はまずありえない。それというのも、いささかクラシックだが、性愛のシーンで女が「自分をあたえる」のにたいし、男があたえたいのは最高の愛の表現だからだ。男が女に「自分をあたえる」時代が来るのを想像するのはたいそう難しい。

こうしてラグジュアリー・ブランドを贅沢の文化史からとらえなおすとき、わたしたちはいつも「贈与」の論理にゆきあたる。太古の昔、贅沢は神々への捧げものであった。二一世紀の現在、贅沢はブランド品と化し、ときに男の女への贈りものと化している。

はたしてそれはいつまで続くのだろうか。性愛の未来と同様、贅沢の未来もまた混沌として、ゆくえはさだかではない……。

3　贅沢の代償

ラグジュアリーの裏の顔

いずれにしても、ここで一つだけ言い添えておくべきことがある。それは、男からの贈り物を受けるにせよ、自分へのご褒美として購入するにせよ、ラグジュアリー・ブランドの消費者は、「プチ帝国主義者」ともいえるということだ。

一つには、地球のこちら側に贅沢と浪費があれば、地球のあちら側には必ず飢餓と貧困があるという周知の事実である。たとえば、リゾート旅行を買うことも贅沢であり広義のブランド消費といってもいいかと思うが、現地の「野生」状態を楽しむのは、帝国主義者の身ぶりにひとしい。高級ホテルのテラスから原住民のネイティブなダンスを楽しむエキゾチスムの快楽はまさに帝国主義の快楽である。この意味でラグジュアリーは帝国主義を内にかかえこんでいる。

いや、リゾートを例にだすまでもない。ブランドの生産工程そのものが非人道的な低賃金労働搾取だという事実は告発をうけて久しい。先鞭をつけたのは、ナオミ・クライン『ブランドなんか、いらない』。アメリカの数々のブランド、シェルに代表される石油産業を皮切りに、ナイキをはじめとするスポーツ・ブランドがインドネシアなどの子供や女性の過酷な低賃金労働によって生産されている事実を暴露し、アメリカン・ブランドの低開発国搾取を告発したこの書は衝撃をあたえた。同様にウィーンで出版された『世界ブランド企業黒書』もナイキやアディダス、さらにはリーヴァイスやギャップなどをあげ、外国人労働者の低賃金搾取の実態をレポートして告発している。

両書とも主にアメリカのブランドを槍玉にあげているのは、反グローバリズムの書である以上当然かもしれないが、フランスのブランドがほとんどあげられていないのにはおそらく別の理由がある。「メイド・イン・アメリカ」のアメリカン・ブランドが実に少ないのにたいし、フランスのラグジュアリー・ブランドは「メイド・イン・フランス」である場合がほとんどだからだ。

ワインやシャンパンはその産地じたいがブランドであるのは当然として、ルイ・ヴィトンやエルメスの生産もフランス本社でおこなわれる。もちろんシャネルも。そうでなければ高品質が保てないからだ。外国の未熟練工を使ってできあがるような製品などラグジュアリー・ブランドではありえない。

これは、万博開催の昔から奢侈品産業を国家が推奨してきたフランスの一貫した行政指導でもあって、同国ではラグジュアリー・ブランド六九社（「日経ビジネスオンライン」二〇〇六年四月二六日）が結束してコルベール委員会を設立し、希少なハンドクラフトや香水製造などの伝統的製法を保護育成している。ルイ・ヴィトンもエルメスもシャネルも当然ながらそこに参加している。宝飾やワイン、ファッションなどのブランド産業が「国策」でもあるフランスならではの業界組織というべきだろう。逆にいえば、フランスのラグジュアリー・ブランドは、そのようにしなければ品質の維持が難しいほど高品質なのである。

たとえばシャネルが好例を提供してくれる。職人生産といえばもっぱらエルメスが強調されるが、シャネルも劣らず高度のクチュール技術を擁し、その伝統の保護育成に努めている。あのカメリアのアクセサリーもシャネルの伝説的イコンの一つだが、そのコサージュの製作には、もっぱらコサージュ製作専門のメゾン「ギエ」が使われる。ギエは創立を一八九六年に遡る老舗のクチュール・メゾン。パリのオートクチュールはこうした贅を極める刺繡や手工芸の職人的技能に支えられて存在している。シャネル社はギエのほかにも幾つかこのような伝統的クチュール・メゾンを傘下に抱え、それらの保護に少なからぬ予算を割いている。ラグジュアリー・ブランドの高品質は消費者の見えないところで奥が深く、いわば歴史的コストがかかっているといっても過言ではない。

贅沢は環境を破壊する？

ところが、この「高品質」そのものが問題をはらむ可能性があるので、事態は簡単ではない。というのも、高品質を維持するための素材の調達が思わぬところで環境破壊の危険性につながってゆくからだ。先進国で家具に珍重される樹木が発展途上国の森林伐採につながっている例は少なくない。あるいは毛皮のコートも同様である。希少動物の保護と高級な毛皮の消費の問題はいまだ決着がつかないまま、ラグジュアリー・ブランドと環境破壊のわかりやすい例を提供し続けている。

たとえばエルメスのケリー・バッグも、牛革《カーフ》の場合、一頭の牛から一個しかつくらず、鰐革《クロコ》なら上質な背中の部分しか使わない。この希少資源の無駄な使用がエルメスの高級バッグ製造を支えているのだが、地球に優しくない乱費といえば、まさにそのとおりであろう。

同じことが、香水にもいえる。シャネル・ナンバー5が画期的だったのは、それが八三もの成分を配合したからだった。それまではもっとずっとシンプルなフローラル配合が調香の常識だったものを、その常識を打ち破ったのである。八三種という配合成分の多さは生誕当時にあって衝撃的な贅沢だった。さらに、その贅沢は、ラベンダーやローズウッドなど使用される植物の産地の厳密さにも表れている。同じ植物でも決められた土地以外のそれは使わない。それほどまでにラグジュアリー・ブランドは妥協を許さないのである。

だが、まさにその事実が、植物の乱獲につながる危険性を招く。たとえば『ニューヨーク・タイムズ』(二〇〇五年八月三〇日号)によれば、アマゾン流域の森林で、香水の成分として使われるバラの木「パウ・ロサ」が絶滅の危機に瀕しているという。この木からとれるエッセンスは「シャネル・ナンバー5」の成分にも使われており、フランスの自然保護団体からシャネル社にたいし、もし使用をやめなければ購買ボイコットをおこなうという声があがったらしい。『ル・モンド』紙が一連の記事でその経緯を報じている(一九九七年七―一一月)。環境意識がたかまる一方で、各種のアロマテラピーがますます盛んな現在、すべての香水ブランドに起こりうる事態であろう。華やかなブランド産業の舞台裏は、昨今とみに厳しいものがある。

こうした環境意識の高まりに、積極的な対処の姿勢をみせているのがルイ・ヴィトンである。ヴィトンは二〇〇五年愛知万博に出展をした。万博のテーマは「自然の叡智」。ヴィトン社はこのテーマにこたえるべく、南仏カマルグ地方特産の「塩」のモノグラムをブースの壁にデザインして入場者の眼を驚かせたが、注目すべきは、「自然と共生する創造」をめざして同社が独自におこなった地球温暖化の現況調査である。

二〇〇四年五月から九月にかけて、ヴィトン社は自社の企業活動がどれほどの温暖効果ガスを排出しているかを調査し、航空機による製品の輸送がもっとも大きな要因になっている事実を把握した。そして、この事態に対処すべく、今後の製品輸送はその五〇パーセントを飛行機ではなく船舶を使用することに決定している。さらには、皮革製品の製作時に出る残滓のリサイクルも考案中らしい。このような環境破壊回避の配慮は、ルイ・ヴィトンのみならずLVMH全体の姿勢になっており、「LVMH環境憲章」を発表して取組みを公にしている。世界のトップをゆくブランド企業の余裕をうかがわせるというべきだろうか。

終章

「変わること」と「変わらないこと」

変身をおそれない

それにしても、日本のラグジュアリー・ブランドは大繁盛である。

銀座はブランド街となって久しく、今も大手海外ブランドの旗艦店オープン・ラッシュが続いている。六本木といい表参道といい、おしゃれな通りにはラグジュアリー・ブランドがあるのが当然のことになっている。世界の金持ちアメリカの後を襲って、「貴族のいない国」日本は海外ブランドの格好のターゲットである。アジア諸都市のなかでも一位の座は当分譲らないことだろう。

これまでにみてきたように、この繁栄を支えてきたのはデザイナーの起用によるモード化戦略である。日本におけるルイ・ヴィトンの最大のセールス・ポイントは「耐久性」であり、モノグラム人気の秘密は流行に左右されないことであるのは繰り返すまでもないが、マーク・ジェイコブスを起用して以後のヴィトンの飛躍的人気は、明らかに「デザイナー・ブランド寄り」への路線変更が功を奏してのことだ。

伝統を重んじるメゾン・ブランドであるルイ・ヴィトンは、これまでもその永遠性を保っために絶えざる「革新」の努力を払ってきた。馬車にかわって自動車が走るようになれば自動車の車体にトランクの型をあわせ、豪華客船の時代が来れば船室におけるように型を工夫し、ルイ・ヴィトンの歴史は交通の発展の歴史と一つになっている。

ダミエやヴェルニに始まったモノグラム以外の「デザイン変更」は、こうして刷新も怠らないメゾンが果たした、いわば大きな歴史的ジャンプである。「変わらぬこと」を売り物にしてきたヴィトンは、ここで大きく「変わる」ことを選んだのだ。当時副社長の任にあったジャン＝マルク・ルビエは、それを「ルイ・ヴィトンの人生の第二のスタート」と呼んでいる。

ブランドイメージを保ち続けるためには、同じ場所に留まっていては、かえってダメなんです。前進し続けなければ、時代に取り残されるわけで、そのためには動かしてくれる、全体を引っ張っていくためのクルマが必要になる。このさき二〇〇〇年、二〇二〇年、二〇五〇年(……)そうした長い将来のことを考えて、新しい商品というのは生み出されているんです。

(『広告批評』一九九九年三月号)

「永遠」であるためには変わらなくてはならない。

このモデル・チェンジ戦略は、日本で大成功を博した。秦前社長の『私的ブランド論』が述べているとおり、欧米とちがって日本では「ファッショナブルなライフスタイルを追いかける若い女性が顧客として大きな層を形成している」からである。貴族はいなくても貧富格差の大きいアメリカよりさらに徹底的に日本は「マス」の国だが、そのマスのなかでもモードに敏感なファッション・ピープルを、「おしゃれになった」ルイ・ヴィトンは惹きつけた。

そのファッション・ピープルの一人であるおちまさとは、ルイ・ヴィトンのブランド力を次のように語っている。

——僕のファッション語録には「ブランド力とは攻めの姿勢だ」というのがあります。ブランドは一旦〝守り〟に入ってしまったらそこで終わり。時代を引っ張っていくブランドには、常に〝攻め続ける〟ことが宿命としてあるんです。「ルイ・ヴィトン」はマサにその王道。象徴的なのが二〇〇一年の春夏コレクションに登場した「グラフィティ」ライン（落書き）かな。一〇〇年以上の歴史があるモノグラム・キャンバスに大胆なグラフィティを施したバッグがショップに並ぶ様は衝撃的だったよね。

（『WWDジャパン』二〇〇六年一月九日号）

――伝統を重荷に感ずることなく、ユーザーの既成概念を痛快に壊すような〝攻め〟の企画は必ず成功する。「ルイ・ヴィトン」はそういう夢の叶え方が絶妙なんです。

（同一月一六日号）

伝統を守るためには大胆な変身をおそれてはならないのである。

「過去を活かしてより良い未来を創る」

ルイ・ヴィトンの変身は、パリというブランド都市のそれを思わせる。

街路から街区から植樹にいたるまで、現代パリの骨格ができあがったのは一九世紀中葉の第二帝政期、ちょうどルイ・ヴィトンやエルメスが創業を開始した時代。それから現代までクラシックな景観を保ち続けているパリの風景には、何度か画期的な変身で話題をさらったモニュメントがふくまれている。

なかでもいちばん有名なのはエッフェル塔だろう。クラシックな石の街に突然そそりたった鉄骨の塔は、賛否両論、激しい論争を巻きおこした。モダニズムの「新しさ」に「伝統」がノンを言ったのである。けれども時とともに、その大胆な刷新はパリの魅力のシンボルタワーとなった。

鉄のパイプを剝き出しにしたポンピドーセンターもまたエッフェル塔と同じような変身のドラマをひきおこし、賛否両論に世論は割れた。新しいところでは、凱旋門の延長線上に建てられたグランド・アルシュがあげられよう。それらの現代的モニュメントのおかげで、パリという古典的都市に「現在性」が息づいている。たんなる古都ではなく、過去と現在が共存する奥の深さ、それこそパリという都市の魅惑の大きな要素である。そして、「メイド・イン・パリ」のラグジュアリー・ブランドの魅惑もまた。

ルイ・ヴィトンと同じく、エルメスもまた「永遠」であるための「刷新」に常に心を砕いている。たとえば創立一六〇周年を記念する社史は、驚くべきことに日本の漫画家によって描かれた。アジア市場最大の拠点である日本市場を狙った企画にちがいない。あからさまな「現在性」の呈示に控えめな姿勢を見せつつ、見事なマーケティングの成果がうかがわれる。近年人気のキャンバス地のセカンドラインの発売もまたエルメスの「刷新」の一つであり、その普及が、高価な革バッグへの憧れをいっそう煽ることになっている。保守と刷新の見事なバランス感覚である。ブランドは「じっと同じところにいてはダメ」なのだ。

そうした現在性へのコミットをもっともストレートに表しているのはやはり商品がファッシ

ヨンであるシャネルであろう。八〇年代からメゾンを率いるカール・ラガーフェルドは、永遠と現在の綱渡りを見事に演出し続けている。

シャネルが永遠にシャネルであり、変わらないでいるためには、過去のシャネルを守っているだけではだめなのだ。

シャネルが遺した永遠性をラガーフェルドは「スタイル」と呼ぶ。いかにもココ・シャネルは近代女性の古典的スタイルを創造した。けれども、そのスタイルを保ち続けるには、ストリートに浮遊する時々のモードに寄り添わなければならない。シャネル・スタイルは、現在の風をはらんでこそ魅力を放つ。そうでなければ、たちまち古くさいものになってしまう。雑誌のインタビューに答えてラガーフェルドは述べている。

スタイルは、現在の流行の一部でなければなりません。（……）変化することによって、スタイルは自身の新しい目印を確立し、それを周囲に認めさせます。変化がスタイルに新しい道を開くのです。

（《Stiletto》二〇〇五年五月号）

確かにラガーフェルドはシーズン毎にシャネルの「遺産」に変化を加えて新しい商品をつく

りだす。彼は、シャネルという「伝説」を現在の物語につくりかえ、そこから新製品をつくりだす名人である。たとえばその象徴的な例の一つが、二〇〇五年秋に売り出されたバッグ、「2・55」だろう。

一九五四年、シャネルは十数年に及ぶブランクを破ってパリのモード界にカムバックを果たした。その翌年の五五年二月、彼女はいまや古典となったキルティングのショルダーバッグを発売する。その伝説の年を「2・55」とバッグのネーミングに使用することとじたい、シャネルの生涯の伝説を現在化することである。

事実、伝説は現在のにぎわいのなかで語られなければ伝説でも何でもない。どんな伝説も伝統も、メディアのざわめきの海のなかで再話化され、新しく語りなおされてこそ永遠のいのちを保つ。スタイルはモードの風に乗ってこそ新しくよみがえる。「ストリートの魂」が伝統を養うのである。

ラガーフェルドはゲーテの言葉を引くことがあるという。

——過去を活かしてより良い未来を創る。

すべてのブランドの成功の鍵を語る言葉だといってもよいだろう。永遠であるためには絶えず変化して生まれ変わらなければならない。

ルイ・ヴィトン・ジャパン社前社長、秦氏の言葉も劣らず鮮明だ。

リアル・ブランドの成功は、「変化しない価値」と「変化する時代に適合するファッション性」とを持ち合わせるという矛盾をいかにして克服するかにかかっていると思います。

（『私的ブランド論』）

由緒ある起源から立ち現れて、歴史に名を刻んだブランドは、その名を永遠のものにするために絶えず新しい現在の声に耳を澄まして、刷新を重ねてゆかなければならない。ただその名を守ろうとして過去に縛られていると、たちまち名は忘却のなかに埋もれてしまう……。

自身がルイ・ヴィトンのトランクの愛用者でもあったヴィスコンティ監督の名画『山猫』のワンシーンを思い出す。新しいブルジョワジーの時代の到来を感じ、滅びゆくみずからの運命を謙虚にうけとめるシチリアの老貴族は、自身の決意をかみしめて言う。

——何も変わらないためには、すべてが変わらなければならない。
ブランドという由緒ある「名」の歩むべき道を語って見事な言葉ではないだろうか。

引用・参考文献一覧

1章

Gilles Lipovetsky & Elyette Roux, *Le luxe éternel: De l'âge du sacré au temps des marques*, Gallimard, 2003（以下、本書におけるリポベッキーの引用はすべてこれによる）

『広告批評』一九九九年三月号、マドラ出版

秦郷次郎『私的ブランド論』日本経済新聞社、二〇〇三年

ジャン・ボードリヤール『象徴交換と死』今村仁司・塚原史訳、筑摩書房、一九八二年（ちくま学芸文庫、一九九二年）

Louis Vuitton（ルイ・ヴィトン博物館資料）非売品

アンリ＝ルイ・ヴィトン『ルイ・ヴィトン——思い出のトランクをあけて』秦郷次郎・桑原しづ江企画監修、福武書店、一九八五年

Stéphanie Bonvicini, *Louis Vuitton: Une saga française*, Fayard, 2004

Paul-Gérard Pasols, *Louis Vuitton: La naissance du luxe moderne*, Editions de la Martinière, 2005

ヴェルナー・ゾンバルト『恋愛と贅沢と資本主義』金森誠也訳、講談社学術文庫、二〇〇〇年

鹿島茂『怪帝ナポレオンⅢ世——第二帝政全史』講談社、二〇〇四年

フィリップ・ペロー『衣服のアルケオロジー――服装からみた19世紀フランス社会の差異構造』大矢タカヤス訳、文化出版局、一九八五年
ジークフリート・クラカウアー『天国と地獄――ジャック・オッフェンバックと同時代のパリ』平井正訳、せりか書房、一九七八年(ちくま学芸文庫、一九九五年)
能澤慧子『20世紀モード』講談社、一九九四年

2章

秦郷次郎『私的ブランド論』、前掲
ソースティン・ヴェブレン『有閑階級の理論』高哲男訳、ちくま学芸文庫、一九九八年
山田登世子『ブランドの世紀』マガジンハウス、二〇〇〇年
下川浩一『世界自動車産業の興亡』講談社現代新書、一九九二年
フレデリック・ルイス・アレン『オンリー・イエスタデイ』藤久ミネ訳、ちくま文庫、一九九三年
三田村蕗子『ブランドビジネス』平凡社新書、二〇〇四年

3章

Paul Poiret, *En habillant l'époque*, Grasset, 1986
ソースティン・ヴェブレン『有閑階級の理論』、前掲
マルセル・ヘードリッヒ『ココ・シャネルの秘密』山中啓子訳、早川書房、一九九五年

堺屋太一『ブランド大繁盛』NTT出版、二〇〇四年
Paul Morand, *L'allure de Chanel*, Hermann, 1996（以下、本章に引用したシャネルの言葉は特に記す場合をのぞきすべてこれによる）
リルー・マルカン『カンボン通りのシャネル』村上香住子訳、マガジンハウス、一九九一年
Eila Hershon & Roberto Guerra, *Chanel, Chanel*, RM Arts, 1986
モーリス・サックス『屋根の上の牡牛の時代』岩崎力訳、リブロポート、一九九四年

4章

ヴェルナー・ゾンバルト『恋愛と贅沢と資本主義』、前掲
Paul-Gérard Pasols, *Louis Vuitton: La naissance du luxe moderne, op. cit.*
ゾラ『ボヌール・デ・ダム百貨店——デパートの誕生』吉田典子訳、藤原書店、二〇〇四年

終章

『広告批評』一九九九年三月号、前掲
秦郷次郎『私的ブランド論』、前掲
『WWDジャパン』二〇〇六年一月九日号、INFASパブリケーションズ
『WWDジャパン』二〇〇六年一月一六日号、INFASパブリケーションズ
『Stiletto』二〇〇五年五月号、Stiletto éditions（日本版）非売品

もっとブランド論を学びたい人のための参照文献

エドモンド・シャルル＝ルー『シャネル――ザ・ファッション』榊原晃三訳、新潮社、一九八〇年
エドモンド・シャルル＝ルー『シャネルの生涯とその時代』秦早穂子訳、鎌倉書房、一九九〇年
竹宮惠子『エルメスの道』中央公論社、一九九七年(中公文庫コミック版、二〇〇〇年)
石井淳蔵『ブランド――価値の創造』岩波新書、一九九九年
ナオミ・クライン『ブランドなんか、いらない――搾取で巨大化する大企業の非情』松島聖子訳、はまの出版、二〇〇一年
佐々木明『類似ヴィトン』小学館文庫、二〇〇一年
山口昌子『シャネルの真実』人文書院、二〇〇二年
長沢伸也『ブランド帝国の素顔――LVMHモエヘネシー・ルイヴィトン』日本経済新聞社、二〇〇二年
山室一幸『ファッション――ブランド・ビジネス』朝日出版社、二〇〇二年
ステファヌ・マルシャン『高級ブランド戦争――ヴィトンとグッチの華麗なる戦い』大西愛子訳、駿台曜曜社、二〇〇二年
ベルナール・アルノー／イヴ・メサロヴィッチ『ベルナール・アルノー、語る』杉美春訳、日経BP社、二〇〇三年

サラ・ゲイ・フォーデン『ザ・ハウス・オブ・グッチ』実川元子訳、講談社、二〇〇四年
クラウス・ベルナー／ハンス・バイス『世界ブランド企業黒書――人と地球を食い物にする多国籍企業』下川真一訳、明石書店、二〇〇五年
山田登世子『モードの帝国』ちくま学芸文庫、二〇〇六年

あとがき

「あらそうなの、キャリアの人たちのあいだで今そんなに流行っているの?」

「ええ、とても人気らしいですよ、おしゃれなオフィス着にというので」

初夏の午後、銀座はシャネル・ビルの最上階、レストラン「ベージュ」のソファーに身をもたせ、ラグジュアリーな気分にひたりながら、二人のファッション・ブランド談義はつきそうにもなかった。

が、その時ふと、わだかまっていた疑問の「芯」のような何かがわたしのうちに浮上した。少し厳しい表情になって、問いただすような口調で言った。

「だけど、それって、いったいブランドなの? ただの流行りじゃないの?」

わたしの語気に押されて、相手も一瞬ことばを吞む。ややあって、

「そうですねえ、ブランドの条件っていったい何なのでしょう」

返事を聞くなり、わたしは思わず手にしていたグラスを置き、声をはずませた。

「それ、それよ！　ブランドの条件。それがタイトルよ、決まったじゃないの！」
何度目かの銀座ブランド探検のいっときにはさんだ昼食は、こうしてたちまち祝杯のブランチにかわった。

タイトルが決まったメモリアルなその日をはさんで、わたしたちのブランド探求の旅はどれほど続いたことだろう。「わたしたち」と言うのは他でもない、本書を担当していただいた新書編集部の古川義子さんとわたしの二人である。執筆を思いたってから数年間、きららかなブランド街から知られざる裏市場まで、ブランド都市東京のさまざまなスポットを二人で歩きまわり、いろいろな店に二人で入った。ついついブランドのオーラに魅せられて、あれやこれや買ってしまった愚か者はわたし一人だったけれど……。

＊

フランス文学からいつしかファッション論にシフトをずらし、数冊のモード論を書いたわたしがファッションからブランドへとさらにシフトを変えたきっかけは、二〇〇〇年に上梓した『ブランドの世紀』だったと思う。ブランドを語りつつ二〇世紀論にもしたいと思って書いた本だったが、二一世紀になってもブランドへの関心はやむことがなかった。

いや、ブランドという現象の「謎」はむしろ深まるばかりだった。ルイ・ヴィトンだのエルメスだのといった名前がつくだけで、ただのバッグの値がなぜあれほどはねあがるのか。ネームのバリューは何に由来しているのだろうか。その魔力的なオーラの起源は？ 固有名論でありフェティッシュ論であり、しかも価値論であるようなブランド論はありえないのだろうか――時とともに積もっていったこうした問いに自分なりに答えてみたいと思って書いたのが本書である。

構想の段階で、一つの方法を定めた。フェティッシュな価値を、その誕生のシーンに遡って考察しようと思ったのである。硬い言葉でいいかえれば、いわばブランドの発生史論的アプローチである。この方法を採った理由の一つに、購買心理論ではブランドの本質は解けないという永年の思いがあった。「ブランドの条件」は消費論では解明できない、買う側より、むしろ売る側から考えた方が本質にちかづけると思ったのである。

いずれにしろ、メゾンの生誕のシーンに遡るという本書の方法は、価値の根拠を考えるための「作業仮説」であり、そのようなものとしてお読みいただければ幸いである。

その仮説のためのケース・スタディとして、ルイ・ヴィトン、エルメス、シャネルの三大ラグジュアリー・ブランドをとりあげたのは、わたしの専門領域がフランスだからという理由も大きいが、ルイ・ヴィトンをはじめとして、いまやブランド大国フランスを語らずにブランド現象を語れないと思うのはわたし一人ではないだろう。

こうして本書が採った方法は、もう一つの小さからぬ問いをひきよせる結果になった。いったい贅沢とは何なのかという問いである。一口にラグジュアリー・ブランドというけれど、現代的なラグジュアリーはいつどのように誕生したのだろうか。ブランドを買うわたしたちは、「贅沢」を買いたいと思っているのだが、いったいそれは本当の贅沢なのだろうか……。

こうして本書はラグジュアリー論ともクロスすることになった。その点もふくんでお読みいただければ幸いである。

＊

執筆にあたり、さまざまな著書、訳書を引用させていただいたが、新書の性質上、そのつど注を付して頁を記す煩瑣をさけ、引用文献は巻末にまとめて各章ごとに引用順にあげる形式を採った。また、訳書のうちフランス語の原書があるものは、文脈上の理由や仮名づかいの統一のため適宜私訳にかえさせていただいたものも少なくない。訳者の方々にご寛恕いただければ幸いである。また、最後に付した参考文献は、本書の主題と方法に直接かかわり、かつ比較的入手しやすいものだけにしぼった。ことに贅沢論など、古典をあげればきりがないが、コンパクトな本をめざしたので割愛した。

それにしても本書ができあがるまで、いろいろな方々のご協力をいただいた。知られざるブランド情報を教えてくれたN・Hさん、あらためてありがとう。そして、長い旅を共にしてくれた編集部の古川義子さんには大変なご苦労をおかけした。その献身的なサポートがなければ本書はなかったにちがいない。「わたしたち」二人で書いた本というのが偽らざる実感である。心から感謝したい。

二〇〇六年八月

山田登世子

山田登世子
福岡県生まれ
現在―愛知淑徳大学教授
専攻―フランス文学，文化史
著書―『メディア都市パリ』(ちくま学芸文庫)
『モードの帝国』(ちくま学芸文庫)
『ブランドの世紀』(マガジンハウス)
『恍惚』(文藝春秋)
『晶子とシャネル』(勁草書房)ほか
好きなブランドはコムデギャルソン.
香水とバッグはシャネルも.

ブランドの条件　岩波新書(新赤版)1034

2006年9月20日　第1刷発行

著　者　山田登世子《やまだとよこ》

発行者　山口昭男

発行所　株式会社 岩波書店
〒101-8002 東京都千代田区一ツ橋2-5-5
案内 03-5210-4000　販売部 03-5210-4111
http://www.iwanami.co.jp/

新書編集部 03-5210-4054
http://www.iwanamishinsho.com/

印刷・理想社　カバー・半七印刷　製本・中永製本

ISBN 4-00-431034-2　Printed in Japan

岩波新書新赤版一〇〇〇点に際して

ひとつの時代が終わったと言われて久しい。だが、その先にいかなる時代を展望するのか、私たちはその輪郭すら描きえていない。二〇世紀から持ち越した課題の多くは、未だ解決の緒を見つけることのできないままであり、二一世紀が新たに招きよせた問題も少なくない。グローバル資本主義の浸透、憎悪の連鎖、暴力の応酬――世界は混沌として深い不安の只中にある。

現代社会においては変化が常態となり、速さと新しさに絶対的な価値が与えられた。消費社会の深化と情報技術の革命は、種々の境界を無くし、人々の生活やコミュニケーションの様式を根底から変容させてきた。ライフスタイルは多様化し、一面では個人の生き方をそれぞれが選びとる時代が始まっている。同時に、新たな格差が生まれ、様々な次元での亀裂や分断が深まっている。社会や歴史に対する意識が揺らぎ、普遍的な理念に対する根本的な懐疑や、現実を変えることへの無力感がひそかに根を張りつつある。そして生きることに誰もが困難を覚える時代が到来している。

しかし、日常生活のそれぞれの場で、自由と民主主義を獲得し実践することを通じて、私たち自身がそうした閉塞を乗り超え、希望の時代の幕開けを告げてゆくことは不可能ではあるまい。そのために、いま求められていること――それは、個と個の間で開かれた対話を積み重ねながら、人間らしく生きることの条件について一人ひとりが粘り強く思考することではないか。その営みの糧となるものが、教養に外ならないと私たちは考える。歴史とは何か、よく生きるとはいかなることか、世界そして人間はどこへ向かうべきなのか――こうした根源的な問いとの格闘が、文化と知の厚みを作り出し、個人と社会を支える基盤としての教養となった。まさにそのような教養への道案内こそ、岩波新書が創刊以来、追求してきたことである。

岩波新書は、日中戦争下の一九三八年一一月に赤版として創刊された。創刊の辞は、道義の精神に則らない日本の行動を憂慮し、批判的精神と良心的行動の欠如を戒めつつ、現代人の現代的教養を刊行の目的とする、と謳っている。以後、青版、黄版、新赤版と装いを改めながら、合計二五〇〇点余りを世に問うてきた。そして、いままた新赤版が一〇〇〇点を迎えたのを機に、人間の理性と良心への信頼を再確認し、それに裏打ちされた文化を培っていく決意を込めて、新しい装丁のもとに再出発したいと思う。一冊一冊から吹き出す新風が一人でも多くの読者の許に届くこと、そして希望ある時代への想像力を豊かにかき立てることを切に願う。

（二〇〇六年四月）

岩波新書より

社会

ルポ 改憲潮流　斎藤貴男
安心のファシズム　斎藤貴男
社会学入門　見田宗介
現代社会の理論　見田宗介
冠婚葬祭のひみつ　斎藤美奈子
壊れる男たち　金子雅臣
少年事件に取り組む　藤原正範
まちづくりと景観　田村　明
まちづくりの実践　田村　明
悪役レスラーは笑う　森　達也
いまどきの「常識」　香山リカ
働きすぎの時代　森岡孝二
大型店とまちづくり　矢作　弘
憲法九条の戦後史　田中伸尚
靖国の戦後史　田中伸尚
日の丸・君が代の戦後史　田中伸尚
遺族と戦後　田中伸尚・田中宏・波田永実

桜が創った「日本」　佐藤俊樹
生きる意味　上田紀行
ルポ 戦争協力拒否　吉田敏浩
阪神・淡路大震災10年　柳田邦男編
社会起業家　斎藤　槙
日本縦断 徒歩の旅　石川文洋
判断力　奥村　宏
ウォーター・ビジネス　中村靖彦
食の世界にいま何がおきているか　中村靖彦
狂牛病　中村靖彦
男女共同参画の時代　鹿嶋　敬
男と女 変わる力学　鹿嶋　敬
当事者主権　中西正司・上野千鶴子
ルポ 解雇　島本慈子
リサイクル社会への道　寄本勝美
豊かさの条件　暉峻淑子
豊かさとは何か　暉峻淑子
クジラと日本人　大隅清治

リストラとワークシェアリング　熊沢　誠
女性労働と企業社会　熊沢　誠
能力主義と企業社会　熊沢　誠
人生案内　落合恵子
消費者金融 実態と救済　宇都宮健児
少年犯罪と向きあう　石井小夜子
仕事が人をつくる　小関智弘
自白の心理学　浜田寿美男
科学事件　柴田鉄治
証言 水俣病　栗原　彬編
マンション　小林一輔・藤木良明
コンクリートが危ない　小林一輔
仕事術　森　清
すしの歴史を訪ねる　日比野光敏
現代たばこ戦争　伊佐山芳郎
東京国税局査察部　立石勝規
バリアフリーをつくる　光野有次
雇用不安　野村正實
ドキュメント 屠場　鎌田　慧

(2006.7)　(C)

岩波新書より

岩波新書より

随筆

ことば遊びの楽しみ	阿刀田高
スローライフ	筑紫哲也
森の紳士録	池内紀
沖縄生活誌	高良勉
ディアスポラ紀行	徐京植
子どもたちの8月15日	岩波新書編集部編
戦後を語る	岩波新書編集部編
働きながら書く人の文章教室	小関智弘
シナリオ人生	新藤兼人
老人読書日記	新藤兼人
弔辞	新藤兼人
怒りの方法	辛淑玉
メルヘンの知恵	宮田光雄
伝言	永六輔
嫁と姑	永六輔
親と子	永六輔
夫と妻	永六輔
商(あきんど)人	永六輔
芸人	永六輔
職人	永六輔
二度目の大往生	永六輔
大往生	永六輔
都市と日本人	上田篤
活字博物誌	椎名誠
活字のサーカス	椎名誠
山を楽しむ	田部井淳子
エノケン・ロッパの時代	矢野誠一
四国遍路	辰濃和男
文章の書き方	辰濃和男
未来への記憶 上・下	河合隼雄
蕪村	藤田真一
現代〈死語〉ノートII	小林信彦
愛すべき名歌たち	阿久悠
書き下ろし歌謡曲	阿久悠
ダイビングの世界	須賀潮美
新・サッカーへの招待	大住良之
日韓音楽ノート	姜信子
現代人の作法	中野孝次
日本の「私」からの手紙	大江健三郎
あいまいな日本の私	大江健三郎
沖縄ノート	大江健三郎
ヒロシマ・ノート	大江健三郎
日記 十代から六十代までのメモリー	五木寛之
干支セトラ、etc.	奥本大三郎
命こそ宝 沖縄反戦の心	阿波根昌鴻
会話を楽しむ	加島祥造
白球礼讃 ベースボールよ永遠に	平出隆
光に向って咲け	粟津キヨ
尾瀬 山小屋三代の記	後藤允
森の不思議	神山恵三
東西書肆街考	脇村義太郎
彼の歩んだ道	末川博
知的生産の技術	梅棹忠夫
モゴール族探検記	梅棹忠夫
論文の書き方	清水幾太郎
一日一言	桑原武夫編

岩波新書より

芸術

世界の音を訪ねる　久保田麻琴
Jポップとは何か　烏賀陽弘道
宝塚というユートピア　川崎賢子
瀧廉太郎　海老澤敏
人生を肯定するもの、それが音楽　小室等
絵のある人生　安野光雅
江戸の絵を愉しむ　榊原悟
能楽への招待　梅若猶彦
日本の色を染める　吉岡幸雄
プラハを歩く　田中充子
シェイクスピアを観る　大場建治
歌舞伎の歴史　今尾哲也
歌舞伎ことば帖　服部幸雄
コーラスは楽しい　関屋晋
役者の書置き　嵐芳三郎
ぼくのマンガ人生　手塚治虫
芸術のパトロンたち　高階秀爾

名画を見る眼 続　高階秀爾
名画を見る眼　高階秀爾
ジャズと生きる　穐吉敏子
真贋ものがたり　三杉隆敏
日本の近代建築 上・下　藤森照信
戦争と美術　司修
オペラをつくる　武満徹・大江健三郎
千利休 無言の前衛　赤瀬川原平
狂言役者 ひねくれ半代記　茂山千之丞
囲碁の世界　中山典之
歌右衛門の六十年　中村歌右衛門・山川静夫
グスタフ・マーラー　柴田南雄
モーツァルトを聴く　海老沢敏
絵を描く子供たち　北川民次
ギリシアの美術　澤柳大五郎
音楽の基礎　芥川也寸志
日本美の再発見〔増補改訳版〕　ブルーノ・タウト　篠田英雄訳
抽象絵画への招待　大岡信

花火—火の芸術　小勝郷右